제7차 21세기 조선통신사 옛길
한·일 우정 걷기 53일 기행록

조선통신사 옛길 걸은 까닭

선상규 씀

글로벌마인드

제7차 21세기 조선통신사 옛길
한·일 우정 걷기 53일 기행록

조선통신사 옛길 걸은 까닭

 글로벌마인드

차례

추천사 : '성신교린(誠信交隣) 문화 사절' 조선통신사의 재조명 • 10

서문: 조선통신사 옛길을 53일간 걷고 배우다 • 18

1장 한국내 조선통신사 옛길을 걷다

1일 차(4월 1일)
설렘과 두려움으로 1,158km 대장정에 나서다 • 26

2일 차(4월 2일)
옛 지명인 '판교'와 '낙생'은 그대로인데 • 34

3일 차(4월 3일)
좌찬고개 넘으며 한·일·대만 '고향의 봄' 합창 • 40

4일 차(4월 4일)
조선 후기 무장, 어제연 장군 생가 방문 • 46

☞ 휴게실: 조선 시대 통신사들이 주로 이용한 길 • 50

5일차(4월 5일)
옛 통신사 사행들이 휴식했던 '숭선참'은 수몰되고 • 52

6일 차(4월 6일)
탄금대에 맺힌 원한의 탄식은 아직도…… • 57

☞ 휴게실: 탄금대 율시(彈琴臺 律詩) • 64

7일 차(4월 7일)
물 한 잔에 따뜻한 인정을 느끼며 • 65

8일 차(4월 8일)
문경새재 넘으며 한·일 평화·우정의 가교 되새기며 • 72

9일 차(4월 9일)
'고모산성' 성황당에 기원하며 • 82

10일 차(4월 10일)
용궁의 전설 깃든 '용궁토끼간 빵'을 상품으로 • 90

11일 차(4월 11일)
옛날 산적이 출몰하던 '백골고개(百我峴)'을 넘으며 • 98

12일 차(4월 12일)
숨 가쁘게 달려온 낙동강 물은 하회마을 감돌아 쉬어가네 • 102

13일 차(4월 13일)
영호루(映湖樓) 올라 시 한 수 읊조리고 싶었건만 • 105

14일 차(4월 14일)
의성의 조문국과 일본 천황가(天皇家)와의 인연은? • 111

15일 차(4월 15일)
1만 명 운집했다는 조양각 전별연 그리워라 • 118

16일 차(4월 16일)
백릿길 걸어 신라 천년 고도 경주에 입성 • 126

17일 차(4월 17일)
일본 무장 '사야카', 그는 왜 조선인 '김충선'이 되었을까? • 136

18일 차(4월 18일)
천년 흔적 간직한 신라의 흙냄새가 코끝을 간질어 • 143

19일 차(4월 19일)
울산의 처용무와 학춤에 반해 • 150

20일 차(4월 20일)
조선조 향리 '대일 외교관' 이예 선생 후손 환대 감사 • 158

21일 차(4월 21일)
21일간 한국 구간 걷기 끝마치니 만감이 교차 • 165

22일 차(4월 22일)
일본 총영사 초청 만찬 후 일본 여정 완보 의지 다져 • 172

2장 일본의 옛 뱃길을 버스로 가다!

23일 차(4월 23일)
해신제 지내고 넘던 쓰시마 뱃길 단숨에 넘다 • 180

24일 차(4월 24일)
아름답고 풍요로운 이키섬(壹岐島)에 '어죽'은 없었다 • 184

25일 차(4월 25일)
일본인의 로망, 해발 850m '노로국립공원(野呂山高原)'에 여장을 풀다 • 190

26일 차(4월 26일)
한·일 문화 교류 활성화 헌신하는 강정춘 씨 • 196

☞ 휴게실: 조선통신사의 숙소 • 205

27일 차(4월 27일)
도모노우라 '일동제일형승지'는 제 모습 잃어 가고 • 206

☞ 휴게실: 에도 시대 사람의 하루 걷는 거리 • 207

28일 차(4월 28일)
조선통신사 유적 활용도 드높이는 '우시마도' • 210

3장 에도를 향해 옛길을 걷다!

29일 차(4월 29일)
춘풍(春風), 긴 제방 스쳐 고향 집 감도는구나! • 218

30일 차(4월 30일)
일본의 레이와(令和) 시대 도래하는 순간에 • 225
☞ 휴게실: 조엄의 [해사일기]에 의하면…… • 232

31일 차(5월 1일)
2대 걸쳐 한국문화·정신 계승 '고려박물관'에 진한 감동 • 233
☞ 휴게실: ① 교토 문화답사 '쇼코쿠지(相國寺·상국사)' 한글 유작 시 • 241
　　　　　② 교토(京都)의 귀 무덤, 미미즈카(耳塚) • 241

32일 차(5월 2일)
산조오하시 난간 청동(靑銅) 장식물 보고 놀란 옛 사행들 • 243
☞ 휴게실: 바다처럼 보이는 호수 '비와코(琵琶湖)' • 253

33일 차(5월 3일)
조선인가도와·비와코호수변 한·일 우호 걷기 대회 열리기를 • 254

34일 차(5월 4일)
히코네 소안지(宋安寺)의 통신사 환대의 지혜·묘수 • 258

35일 차(5월 5일)
일본의 역사를 바꾼 하루 전쟁 '세키가하라' 전쟁터 • 264

36일 차(5월 6일)
다루이에서 펼친 민간외교 • 271

37일 차(5월 7일)
가토 기요마사(加藤淸正) 동상 바라보며 회한에 잠겨 • 278

38일 차(5월 8일)
나고야 '묘렌지'에 기념 식수(植樹)하다 • 283

39일 차(5월 9일)
도쿠가와 이에야스(德川家康) 고향, '평화 도시' 오카자키시 • 288

40일 차(5월 10일)
한·일 역사 수레바퀴는 앙숙·협력 교차 인연으로 • 294

41일 차(5월 11일)
죽을 힘을 다해 아라이 관문에 도착하다 • 298

42일 차(5월 12일)
옛 조선통신사 상생 지혜를 한·일 외교정책 밑거름으로 • 304

43일 차(5월 13일)
후쿠로이 시장 등 한·일 지자체장들, 긴밀한 우호 협력 • 309

44일 차(5월 14일)
소소한 선물에도 때로는 감동 • 316

45일 차(5월 15일)
우츠노야(宇津谷) 고갯길 빼어난 경관에 취하다 • 323

46일 차(5월 16일)
'조선통신사 보고(寶庫)' 세켄지 옛 절경은 간데없고 • 332

47일 차(5월 17일)
조선통신사를 위해 만든 '삿타토오게' 절경에 매료 • 338

48일 차(5월 18일)
호텔 옥상에서 웅장한 후지산 보며 호들갑 떨다 • 348

49일 차(5월 19일)
참가자 평균 연령 72세 노인들, 하코네 고개에서 체력 과시 • 356

50일 차(5월 20일)
1,300년 전 고구려 유민들이 일본 열도로 이주했다니 • 363

51일 차(5월 21일)
폭우 대비 형형색색 패션의 참가자들 • 368

52일 차(5월 22일)
긴 여정 마무리 하루 앞두고 들뜬 마음 진정시키려니 • 375

53일 차(5월 23일)
1,200km 대장정 마무리하니 감격의 눈물만…… • 382

◎ 부록 ① '21세기 조선통신사 서울-동경 한·일 우정 걷기' 교훈 • 398
◎ 부록 ② 내가 체험한 일본·일본인·일본 문화 • 404

저자 후기 : "조선통신사의 옛길을 '평화 순례 길'로 만들고파" • 411

추천사

'성신교린(誠信交隣) 문화 사절'
조선통신사의 재조명

    이번에 한국체육진흥회 선상규 회장님이 [조선통신사 옛길 걸은 까닭]이라는 귀한 책을 발간했다. 선 회장님은 '조선통신사 서울-동경 한·일 우정 걷기 행사'를 2007년부터 격년제로 실시해 오고 있는데 이 책은 2019년 제7회를 다녀온 발로 쓴 기록이다.

    2007년은 임진왜란 후 최초의 조선통신사가 파견된 지 400년이 되는 기념비적인 해였다. 이 사업은 조선통신사의 성신교린(誠信交隣)의 정신을 오늘에 이어서 한·일 관계를 회복하고 저자가 평생 천착해 온 걷기의 대중화와의 접목으로 두 나라 국민의 건강증진에 도움이 되고자 하는 취지에서 시작한 것이다.

    나는 제2회 파견 시 목적지인 도쿄에서 가까운 미시마(三島)에서부터 일주일을 함께 걸었다. 선 회장님의 이번 저서에서 다뤄지는 제7회 때에는 한·일간의 정치적인 갈등의 해소방안을 나름대로 찾아보겠다는 마음으로 일본 열도 도보종단에 나선 때였다. 2019년은 한·일 관계가 최악으로 치닫는 가운데 3.1운동 100주년이라는 뜻깊은 해이기도 했다. 걷는 도중 마침 일정이 맞아 오사카–히라가타(枚方) 하루 구간을 함께 걸었다.

2회 행사 때에는 업무출장을 끝내고 현지에서 합류한 터라 준비가 부족했다. 도중에 폭우를 만나 당황했는데 선 회장님이 여분으로 준비했던 군용우의를 주셔서 요긴하게 사용했다. 이 군용우의는 2018년 스페인 산티아고 순례길 800킬로를 걸을 때도 입었는데 지나가는 순례객들이 흘끔흘끔 쳐다보았다. 마치 산티아고 순례길을 예비군복을 입고 걷는 꼴이었다.

7회 때에는 오사카 시청 앞에서 합류했는데 점심은 편의점의 도시락으로 간단히 해결하겠다고 생각했다. 그런데 줄곧 요도가와 강변을 걷는 코스여서 편의점이 보이지 않았다. 점심시간이 되어 정식 등록한 참가자들에게만 주최 측이 도시락을 나누어주는데 나는 순간 당황했다.

이때 선 회장님이 당신의 도시락의 절반과 나무젓가락을 반으로 뚝 잘라서 내게 주셨다. 요도가와 강변의 푸른 잔디 위에서 파란 하늘을 보며 도시락을 먹으니 마치 피크닉을 나온 것 같았다. 선 회장님의 선행(?)을 보고 다른 회원들도 조금씩 음식을 덜어주어 생각지도 않게 포식을 했던 추억이 있다.

내가 걷기를 생활화한 것은 순전히 선 회장님 덕분이다. 회장님의 걷기에 대한 철학에 나는 전적으로 공감한다. 걷기는 '육체적인 활동을 통해 건전한 몸과 마음을 만들며 나아가 미완성의 인간이 정신적인 자유를 얻어 원숙한 인간이 되게 하는 고급운동'이라는 것이 그의 걷기 철학이다. 걷는 일은 생각하는 일과 마찬가지다.

양국의 회원들은 장장 53일에 걸쳐 서울에서 부산까지 걸어가서 배를 타고 대마도와 이키(壱岐)섬 그리고 하카다(博多)에 상륙해서는 버스로 오사카로 이동한다. 그곳에서 육로로 교토를 거쳐 최종 목적지인 도쿄까지 총연장 1,200km를 걷는 강행군이다. 참가자들의 평균 연령이 72세라니 그저 놀랄 따름이다. 민간교류를 위한 각종 활동 그리고 걸어가면서 보고 듣고 느끼며 생각하고 체험한 일들이 고스란히 이 책 속에 담겨 있다.

조선통신사는 임진왜란 후 조속히 국교를 회복하려는 도쿠가와 이에야스(德川家康)의 강한 여망에서 시작되었다. 100년의 혼란의 전국시대를 통일하고 에도막부를 연 이에야스에게는 다행하게도 임진왜란에 대한 원죄가 없었다. 이에야스는 도요토미 히데요시(豊臣秀吉)에 의해 영지 교환이라는 명목으로 오랜 삶의 터전을 빼앗겼다.

당시 이에야스는 황무지에 가까운 에도(지금의 도쿄) 일대로 쫓겨 갔으며 새로운 영지를 개척하고 도시를 건설하느라 여념이 없었다. 이것이 그가 히데요시의 조선 출병 요청을 거부할 수 있었던 명분이었다. 덕분에 다른 영주들과 달리 자신의 병력과 자원을 온전히 보존할 수 있었다. 영지를 빼앗긴 것이 오히려 전화위복이 되어 히데요시 사후 정권을 쟁취할 수 있었다.

한편 조선으로서는 일본에 끌려간 포로의 송환과 함께 일본의 국정을 살필 필요가 있었다. 그뿐만 아니라 당시 만주에서 한창 떠오르고 있었던 여진족의 위협에 대처하기 위해서는 일본과의 관계를 안정시킬 필요성이 절실했다. 그 결과 전란이 끝나고 채 10년도 되지 않은 시점임에도 이에야스의 요망에 부응해 통신사를 파견하게 되었다.

제1차는 여우길을 정사로 하는 '회답 및 쇄환사'였으며 제4차부터는 양국의 국교가 회복되어 본격적인 대규모 통신사 파견이 이루어진다. 조선통신사의 규모는 보통 400~500명 정도였다. 기간은 당시는 바닷바람과 조수 그리고 일본 국내의 변화무쌍한 기후의 영향으로 6개월에서 길게는 1년이 걸렸다.

새로운 막부의 통치 철학으로 이에야스는 주자학을 택했다. 주자학 선진국인 조선에 대한 경외심과 배우고자 하는 이에야스의 절실한 마음이 조선통신사 실현으로 이어진 것이다. 임진왜란 이후 양국의 국교가 조속히 회복되는데 가장 큰 공로자는 조선 주자학의 거봉 퇴계 이황이 아닐까 생각된다.

제1차 통신사가 일본을 찾았던 1607년 이에야스는 정이대장군(쇼군 · 將軍)을 아들 히데타다에게 넘겨준 상태였다. 그렇지만 당시는 아직 오사카성을 중심으로 도요토미 집안의 잔당세력이 남아 있었던 불안정한 시기였다. 그래서 하코네(箱根)에서 서쪽은 이에야스 자신이 그리고 쇼군 히데타다는 하코네의 동쪽을 지키는 이원체제를 취하고 있었다.

제1차 통신사 일행은 에도로 가기 전에 슨푸(駿府: 지금의 시즈오카)의 이에야스에게 예방하고 싶다는 뜻을 전했다. 그렇지만 그는 현직 쇼군이 히데타다인 만큼 에도에서 국서 교환의 외교의례를 마친 다음에 귀로에 들러 달라고 정중하게 사양했다. 일행은 에도에 들러 히데타다에게 최고의 예우를 받은 후 국서 교환을 마치고 귀로에 슨푸의 이에야스를 찾아 극진한 대접을 받았다.

제4차 통신사부터는 에도 막부의 쇼군이 습직 할 때 축하한다는 명분으로 파견되었다. 당시 통신사 일행은 오사카에 도착해 일본 측이 준비한 배를 타고 요도가와(淀川)를 거쳐 교토로 간 다음에 육로로 에도(江戶·지금의 도쿄)까지 걸어갔다. 이들은 통과하는 지역마다 대대적인 환영을 받았으며 지역의 다이묘(大名·영주) 학자 문인 승려 화가 일반 백성들과 폭넓게 교류하며 한류열풍을 일으켰다. 쇄국 상태의 당시 일본인들에게 조선통신사 행렬은 신기한 볼거리였으며 막부는 의도적으로 백성들이 구경하도록 장려했다.

우리 통신사 일행들이 일본에서 보고 느낀 충격 역시 작지 않았다. 이들이 오사카에 들렀을 때 도시의 번화함 그리고 무엇보다도 서적의 출판과 판매가 활발한 데 놀란다. 당시 조선의 서적인 이퇴계의 [퇴계집]이 애독되고 있는 것을 보고 유학의 국제화를 실감하기도 했다. 1719년 제4차 통신사의 제술관으로 참여한 신유한은 "오사카는 글을 청하는 사람이 다른 지방보다 곱절은 많아 어느 때는 새벽닭이 울도록 잠을 자지 못했다"라는 기록을 남기고 있다.

그들은 일본의 발달한 문물 그리고 잘 사는 모습에 놀라움과 부러움을 느끼는 한편 억울하다는 생각도 했다. 어느 단원은 일기에 이렇게 기록하기도 했다. "남의 나라를 침략했던 야만스러운 왜인들이 벌을 받은 줄 알았는데 이렇게 잘 사는 것을 보니 배가 아플 지경"이라고 했다.

당시 일본은 금광에 이어 대규모 은광의 발견으로 막부는 넉넉한 은을 보유하고 있었다. 통신사가 임무를 끝내고 에도를 떠날 때 쇼군은 상당량의 은을 일행들에게 선물로 나누어주었다.

그렇지만 이들은 이 선물을 국내로 가지고 올 수가 없었다. 조정에서 금지했기 때문이다. 부득이 이들은 아까웠으나 강에 던져버렸다. 이를 주우려고 일본의 짐꾼들이 경쟁적으로 강으로 뛰어들었다.

당시 일본의 발달한 문물이나 정보가 국내에 유입되는 것을 조선조정은 엄금했다. 여전히 일본은 오랑캐며 상종하지 못할 나라라는 인식을 백성들에게 심어주고자 했다. 상공업의 발달로 부강해진 일본의 모습을 보고 왔지만 이를 철저히 무시했으며 국정에 반영시키지 않았다. 백성들의 살림이 윤택해지면 통치하기가 어려워지기 때문이다.

영·정조 시대에 실사구시를 추구하는 실학운동이 한때 일어나기도 했다. 그렇지만 기득권층의 반발로 이 불씨를 살리지 못한 가난한 나라 조선은, 상업으로 국부를 키우고 메이지유신 이후 서양문물을 받아들여 부국강병에 성공한 일본제국에 의해 식민지로 전락하고 말았다.

일본의 통치 철학은 주자학이었지만 민간에서는 오히려 이후에 들어온 양명학이 주류였다. 양명학은 사농공상에서 공업이나 상업도 모두 본업(本業)이라고 주장하며 주자학이 본업과 말업(末業)을 구분하는 것을 비판했다. 즉 직업은 달라도 도(道)를 이룰 수 있다는 것으로서 기술자 노동자 그리고 상업에 종사하는 사람들이 자기의 직업에 자긍심을 가질 수 있었다.

　통신사의 성공적인 접대를 위해 에도막부는 심혈을 기울였다. 동원한 인부가 33만여 명 말이 7만 7,600필 이렇듯 인마의 조달 물자운반 숙박 등에 쓰인 경비는 매회 100만 냥으로서 일본 국가재정 1년 치와 맞먹었다. 에도 막부는 통일 후 불안정한 국내정세 속에서 막부 지배의 정통성을 대내외에 과시하고 막부의 권위를 확립하기 위한 기회로 통신사를 활용했다.

　그러나 조선통신사는 메이지유신 이후 일본 국민에게 잊혔다. 권력 핵심에 의해 의도적으로 평가절하되었다. 이는 조선통신사의 활동이 제대로 알려지는 것이 조선의 식민통치에는 불리했기 때문이다. 일본 국민 사이에 거의 잊혔던 조선통신사가 새롭게 기억되고 2017년 유네스코 기록유산에 등재된 것은 선각자 재일교포 신기수 선생의 역할이 컸다.

　옛 선조들이 조선통신사를 통해 성신교린의 정신으로 200여 년간 평화를 유지했듯이 양국 정부 간 그리고 민간 부문 소통의 중요성은 아무리 강조해도 지나치지 않을 것이다. 그렇지만 정부 차원의 교류는 아무래도 국익이나 이념으로 인해 한계가 있을 수밖에 없다.

　'조선통신사 서울—동경 한·일 우정 걷기 행사'와 같은 다양한 분야의 민간교류로 바닥 민심을 다져 나가는 노력이 중요하다. 한·일간 현안의 기본해법인 '참회·용서·화해' 중 '용서'에 방점이 찍힌 듯 느껴지는 저자의 대승적인 자세에 공감한다. 14년에 걸친 민간교류 그리고 인간애가 그 바탕에 깔려있기 때문이다. 일본은 이사 갈 수 없는 숙명적인 우리의 이웃이다. 일본에 대한 증오와 불신의 부(負)의 유산을 사랑하는 후손들에게 더이상 물려줄 수는 없다고 나는 생각한다.

신기수 선생은 [조선통신사의 여정]이라는 저서에서 "어둠의 역사'를 철저하게 검증하는 것도 중요하지만 그것만으로 불행은 사라지지 않는다. '빛'을 보는 복안적(複眼的)인 사고가 필요하다"라고 말한다. 모든 일에는 양면성이 있다.

선상규 회장님의 이번 출간을 다시 한번 축하드리며 일본 측 주최자 엔도 야스오(遠藤靖夫) 회장님 등 관계자 여러분의 노고에 심심한 위로의 말씀을 드린다. 그리고 남은 5회도 아무쪼록 많은 국민의 사랑과 성원 가운데 성공리에 마무리되기를 기원한다.

2021년 5월
[일본은 원수인가 이웃인가]의 저자
허남정 박사

서문

조선통신사 옛길을
53일간 일곱 번 걷고 배우다

21세기 조선통신사 서울-동경
한·일 우정 걷기의 기록을 펴내며

　우리는 흔히 일본과의 관계를 이야기할 때 가깝고도 먼 나라라고 말한다.
　이 말 속에 담겨 있는 의미는 지리적으로는 가깝지만, 심적으로는 멀리 떨어져 있어서 가까운 이웃이 아니라는 것이다. 가깝지 않다는 것은 어쩌면 선조 대왕이 말씀하신 "하늘 아래 같이 살 민족이 아니다"라는 주장과 그 의미가 비슷할지도 모른다. 그러한 주장이 있게 된 까닭은 한·일 두 나라는 오랜 역사를 지나오면서 침략과 평화 시대가 항상 공존하면서도 수많은 질곡의 길을 걸어왔기 때문이다. 역사의 수레바퀴는 여태껏 그렇게 굴러 왔고, 또 앞으로도 그러한 흐름으로 계속 굴러갈 것이다. 따라서 한·일 관계는 솔로몬의 지혜로도, 부처님의 자비로도, 예수의 사랑으로도, 공자의 덕으로도, 아니 피타고

라스도 수학적으로도 풀 수 없는 난제로, 양쪽의 어느 한 나라가 사라지지 않는 한 존속할 것이기에 그러한 상태는 지속할 것이다.

다만 현실적으로 그 시대에 따라, 양국의 지식인이나, 정치지도자들이 더 이상의 불행한 사태가 발생하지 않기를 바라며, 상대국의 감정을 자극하지 않고, 그 시대에 주어진 현실과 그러한 상태를 유지한다면 다소 안정을 찾을 수는 있겠지만 궁극적인 해결방안을 찾을 수는 없을 것이다.

그러한 양국의 불편한 환경 속에 옛 조선통신사들이 구현하고자 했던 숭고한 성신 교린 정신은 오늘날 우리에게 많은 교훈을 시사하는 바가 크다. 아메노모리 혼슈(雨森芳州)가 "국가 간에는 믿음을 바탕으로 한 외교를 펼쳐야 한다"라고 주창한 것처럼 성신 교린 정신을 오늘에 되살려 양국의 평화와 우호 증진에 크게 이바지하기를 바라는 마음에서, 필자는 2007년부터 선조들의 얼과 혼을 찾아 걷기를 시작한 지 14년이 되는 2019년 [제7차 조선통신사 서울-동경 한·일 우정 걷기] 행사를 치른 과정과 그동안 보고, 느낀 점을 여기에 어둔한 문필력으로 옮겨 적어 보고자 한다.

사실 필자는 문필가도 아니오, 역사학자도 아니오, 그렇다고 한·일 관계사를 연구한 것도 아니고. 더욱이 조선통신사를 학문적으로 연구한 것도 아니다. 그래서 이러한 졸필을 남긴다는 자체가 모순이라 생각해, 6차 때까지도 기록을 남기지 않았다.

그런데 7차 행사를 갔다 온 후 주변 사람들이 "조선통신사 옛길을 왜 걸었나?, 일본 사람들은 조선통신사에 대해 어떻게 생각하고 있더

냐?" 등등 많은 질문을 쏟아냈다. 이러한 질문 앞에서 그동안 필자는 아무것도 한 것이 없다는 것을 깨달았다. 이에 졸필이지만 그동안 보고 느낀 점을 간단히 피력해 필자가 느끼는 생각을 공유하고, 보고 느낀 것을 나눌 필요성이 있음을 인식하고 겸허하게 졸필을 들게 되었다.

조선통신사 서울—동경 한·일 우정 걷기는 임진왜란 이후 대규모 사절단이 파견된 것을 기념해 파견 400주년을 맞는 2007년부터 격년제로 총12회 실시하기로 한 걷기 행사다. 조선통신사의 성신 교린 정신을 계승·발전시켜 21세기에 한·일 양국 간에 새로운 이정표를 세우는데 민간레벨에서 도움을 주고, 걷기운동을 역사와 문화에 접목해 두 나라 국민의 심신 건강 증진에 이바지하는 것이 이 행사의 목표이다. 이 행사를 한·일이 공동으로 개최하기로 하고, '21세기 조선통신사 서울—동경 한·일 우정 걷기'라는 이름으로 실시해 왔다.

조선통신사 관련 역사적 의의와 가치에 대해서는 이어지는 본문을 통해 자연스럽게 이해되기를 간절히 바라마지 않는다.

다만 '걷기란 무엇인가?'에 대해 잠시 필자의 소견을 언급하고자 한다. 지금 한국에서는 걷기가 21세기의 생활 레저스포츠로 자리매김하고 있다. 아울러 일각에서는 걷기를 만병통치약인 양 야단법석이다.

그러나 걷기는 만병통치약도 아니오, 치료제도 아니다. 걷기는 인간이 태어나면서 살아가기 위한 수단으로 기본적인 몸동작일 뿐이다. 그런데 왜 야단들인지 모르겠다. 어쩌면 인간이 편리하게 살기 위해 IT산업 발전과 산업 자동화의 가속화 등에 따라 인간의 기본적인 움직임을 상실했기 때문에 그 신체 기능이 약해졌다고 본다. 그로 인해 각종 면역력과 자생력을 잃게 되고 '생활습관병'이라고 일컬어지는 각종 성인병이 발생하게 되어, 사망 원인 중 하나로 크게 대두되었다.

그러다 보니 인간이 기본적으로 몸을 유지하기 위해 움직여야 하는 운동량을 되찾아 주자는 운동이 바로 걷기운동이다. 무엇보다도 걷기운동은 저급한 운동도 아니오, 싸구려 스포츠도 아니다. 걷기는 체육의 목적과 마찬가지로 근육 활동을 통해 야성적 인간을 이성적 인간으로, 미성숙한 인간을 성숙한 인간으로 만드는 과정이다. 즉, 걷기라는 육체적 활동을 통해 미완성의 인간을 성숙한 인간으로, 그러한 육체적 수행을 통해 정신적 자유(覺)를 찾아 원숙한 인간이 되기 위한 고급운동이다.

이러한 고급운동은 역사 속의 위인들에게서도 흔히 찾아볼 수 있다. 옛날 선비들은 덕(德)을 배우기 위해 활 쏘기를 배웠다. 베토벤은 악상을 떠올리기 위해 걷기를 즐겼고, 철학자 칸트는 걸으면서 사색을 습관화했다고 한다. 그런가 하면 깨달은 선각자들은 깨우치기 위해 긴 '구도의 길'을 걸었고, 기독교인들은 스페인의 산티아고 순례 길을 걸으며 순교의 참뜻을 배우고 진리를 터득하거나 사랑을 실천하면서 사는 법을 배웠다. 이렇듯 걷기운동은 단순히 육체운동뿐만이 아니라, 육체적 고행을 통해 정신적 자유를 찾는 높은 수준의 운동임을 알 수 있다.

그래서 우리는 조상의 숭고한 얼과 혼을 찾아, 걷고 또 걸어 서울서 동경까지 고통과 아픔을 참아가며 그동안 14년에 걸쳐 일곱 번이나 걸었다. 이를 통해 우리는 우리의 조국이 무엇인지, 삶이 무엇인지,

나의 존재 이유가 무엇인지를 어렴풋하게나마 인지하게 되었다.

따라서 이 책은 미사여구를 구사해 독자들을 현혹하게 하든가, 밤을 지새우면서 재미있게 읽을 가치가 있는 책도 아니라고 본다. 그저 걸어가면서 보고, 듣고, 느끼고, 체험한 내용을 옮겨적어 놓았을 뿐이다. 그래서 아무 재미도 없는 무미건조한 책이라고 여겨질 수도 있다.

하지만 매일 매일 일정의 세부 내용을 담은 생생한 여러 현장 사진들을 접하며 독자 여러분들도 그 힘겨운 여정을 함께 걷는 묘미를 느낄 수 있지 않을까 싶다.

끝으로 두 달이 넘는 강행군의 여정을 소화하면서 온몸으로 곱씹었고 이 책을 토막토막 엮으면서 되새겨 본 필자의 바람을 다시 한번 밝힌다. 옛 조선통신사들이 몸소 실천하고자 했던 성신 교린 정신으로 조·일 양국이 약 200여 년간 평화를 유지했듯이, 이 시대에도 그 당시의 시대정신으로 한·일 양국이 진심어린 참회와 통큰 용서로 화해하고, 다정한 이웃으로 상생하기를 염원해본다. 아울러 과거의 아픈 역사를 우리의 후손에게 유산으로 넘겨서 그들에게까지 고통을 주어서는 안 되지 않겠느냐고 반문하면서 이 책의 서문에 갈음하고자 한다.

2021년 봄에
저자 村人 선상규 배

교토 철학의길 여행자들

안동 불영교 주변 야경

제1장

한국내 조선통신사 옛길을 걷다

제7차 21세기 조선통신사 서울-동경 한일 우정 걷기

1일 차 (4월 1일)

일정 : 서울 광화문에서 용인 청계산 정토사까지 27km

설렘과 두려움으로
1,158km 대장정에 나서다

400여 년간의 역사를 간직한 조선통신사 옛길로 향하는 첫발을 내딛는 날이다. 서울에서 동경까지 전체거리가 약 2,000km 보행 거리가 약 1,158km를 걸어가는 대장정을 생각하니 마음 한구석에 묵직한 짐 하나가 놓인 것 같기도 하고, 첫눈을 보는 것처럼 설레기도 한다. 여러 상념이 들어 간밤 내내 잠도 제대로 이루지 못한 채 집을 나섰다.

출발지인 경복궁 흥례문에 도착하니 벌써 대장정에 참가하는 회원들이 삼삼오오 돌아다니며 출발을 준비하고 있었다. 오전 8시 30분에 흥례문 앞에서 출정식을 치른 뒤, 조선통신사들의 행차 광경을 재현한 행렬이 육중한 광화문을 열고 걸어 나왔다. 영천 중학생 취타대들이 연주하는 풍악 소리를 앞세워, 통신사의 제복을 차려입은 삼사와 호위무사, 그리고 만장기

를 든 기수들이 줄지어 걸었다. 200여 명에 달하는 1일 차 참가자들도 당당하게 그 뒤를 따랐다. 관광 나온 외국인들과 출근길의 시민들이 박수와 환호로 우리를 환송해 주었다. 이번 7차 우정 걷기의 첫날 참가자는 약 300명에 달했다. 이 많은 사람을 인솔하면서 누구 하나 빠뜨리지 않도록 신경을 쓰자니 보통 어려운 일이 아니었다. 옛 조선통신사는 400~500명이 함께 움직였다는데 과거에는 그 인원들을 어떻게 이끌었던 것일까 하는 생각이 들

었다. 심지어 일본 열도에 가까워서는 많은 선박을 꾸려 약 1,500명에 달하는 인원이 항해했다고 전해진다. 과거에는 그렇게 많은 인원이 일사불란하게 움직이는 데 그 어떤 묘수가 있었을지, 궁금증이 들었다.

광화문 중앙광장에는 이미 여러 행사가 있었기에 우리는 광화문 도로 1차선을 이용해 걸었다. 옛 한성의 정문인 숭례문을 거쳐 조선통신사 사행들이 떠날 때 전별연을 베풀어 주었던 전생서 터를 지나서 옛 이태원 터(현 용산고교 정문)에서 걸음을 멈춘 뒤 필자가 이태원의 유래와 그 기능에 대하여 설명했다. 그 뒤 본디 옛길은 곧장 직진으로 이어지지만, 지금은 그 길목에 미군 부대가 들어서서 통과할 수 없게 되었다. 하는 수 없이 미군 부대 앞을 돌아 전쟁기념관까지 가서는 잠깐 휴식을 취했다.

이곳은 옛날부터 청나라 군대가 주둔해 있었고, 그다음에는 일본 군대가 그다음에는 미군 부대가, 근래에는 한국 육군본부가 있었던 묘한 인연을 간직한 지역이다. 우리 일행은 옛 동래대로인 장문고개를 지나 제천정 옛터에 들어섰다. 제천정에 대해 설명하면서 "초기에 사행들은 위험한 사행길을 서둘러 가기 싫어, 얼은 한강 빙판 위에서 팽이치기나 하면서 놀았다"라는 이야기를 했다. 그런 전설 같은 이야기가 현대에는 믿기지 않는지 참가자들은 발걸음을 재촉했다. 번잡한 압구정동과 역삼동 사거리를 지나 조선 시대 역촌인 옛날에 지방에서 올라오는 말들에게 말죽을 쑤어먹였던 양재 말죽거리에 다다랐다. 이곳에서 우리들도 때늦은 점심 식사로 인근에 있는 '백암 김씨네' 집에서 국밥을 먹으며 허기진 배를 채웠다. 21세기 조선통신사 한·일 우정 걷기를 처음 시작했던 2007년만 하더라도 원(院)이 있었던 신원(새원) 부락은 옛 모습이 어렴풋이 남아 있었던 전원적인 마을이었다.

그러나 지금은 재개발로 아파트촌이 되어 옛 모습을 찾을 수 없었다. 그 무상한 세월을 느끼며 아파트 숲을 통과하고, 마침내 오늘의 숙박 장소인 정토사에 도착했다. 정토사의 주지 스님이자 동국대학교 총장이시기도 한 보광 큰스님께서 우리를 오래도록 기다리고 계셨다. 일행은 이 절에서 템플스테이를 하며 하룻밤을 묵기로 했다. 보광 큰스님은 일본에서 유학하신 분으로 일본어에 능통하시어 1차 때부터 많은 관심을 가지시고 숙식 제공과 법문 그리고 무사 귀환을 염원하는 축원을 해 주셨다. 오늘 첫 하루 일정을 큰스님의 법문을 들으며 무사히 마무리하였다.

이렇다 할 사고 하나 없이 순조로운 출발이었지만 6차 기행 때와는 달리 길목에 처음 보는 건물 숲들이 들어서고 도로가 많이 바뀌고 새로 생겨 당황스럽기도 했다. 다행히도 내내 걱정스러웠던 몸 상태는 좋았다.

제7차 21세기 조선통신사 서울-동경 한·일 우정 걷기대회 첫째 날 참가자들의 서울 경복궁 흥례문 앞에서의 단체 사진

21세기 조선통신사 행렬 재현에 앞서서 기념 촬영하는 황편남 대만회장, 엔도야스오 일본회장, 필자 그리고 옛 조선통신사 삼사복을 입은 부사 박해룡, 정사 강기홍, 종사관 박태수 (좌로부터)

21세기 조선통신사 옛길걷기 출정식 장면

21세기 조선통신사 서울-동경 우정 걷기 플래그

21세기 조선통신사 서울-동경 우정 걷기 광화문 출정식의 취타대

21세기 조선통신사 서울-동경 우정 걷기 첫째 날 기착지 정토사에서의 단체 사진

첫날 기착지인 정토사에 도착해 무사 완보를 기원하며

제7차 21세기 조선통신사 서울-동경 한일 우정 걷기

2일 차 (4월 2일)

일정 : 청계산 정토사에서 용인시청까지 29km

옛 지명인
판교와 낙생은 그대로인데

아침 일찍 정토사의 사찰 음식으로 아침 식사를 했다. 평소 걷지 않던 도보 강행군으로 다들 근육통을 느끼는 모양이다. 08시에 법당 앞마당에 모여 대만산악회 회원인 라이(賴慧全)의 지도로 준비체조를 했다. 이곳 근처에는 많은 인원을 수용할 수 있는 숙소가 없기 때문에 우리는 1차에서 6차 통신사 기행에 이르기까지, 매번 숙소 문제로 고생하곤 했다.

그러나 이번에는 보광 큰스님께서 절을 새로 건축하면서 템플 스테이를 하게 해 주셔서 덕분에 편안히 쉬고 갈 수 있었다. 큰스님께 다시 한번 고맙다는 인사를 드리고, 경찰의 에스코트를 받으며 기분 좋게 출발했다.

애달픈 사연을 가진 달래내고개를 넘어 동래대로의 흔적이 남아 있는 옛길을 따라 걸었다. 달래내고개를 넘는 동안 언뜻 옛 생각이 주마등처럼 스치고 지나갔다. 몇 년 전에 작고한 김상온 회원이 2차 통신사 우정 걷기 당시 이 길에 관한 숨겨진 이야기를 많이 전해주었다. 그중에는 달래내고개에 대한 전설도 있었고, 바로 옆 경부고속도로를

건설할 때 공병 장교로 지원하여 달래내고개 도로 공사를 했던 이야기도 들려주었다. 그는 한국 경제부흥의 시발점이기도 한 경부고속도로 공사에 참여하였다는 것을 굉장히 자랑스럽게 생각하였다. 하지만 김상온 회원이 전해준 이야기는 비록 즐겁고 흐뭇한 내용만 있었던 게 아니었다. 그는 군(軍)까지 투입해서 대규모 공사를 치르던 중 사랑하는 장병을 잃기도 했다는 비극적인 사연들을 전해주며 가슴 아파했다. 오늘날 우리나라의 찬란한 경제 발전과 부흥 그 이면에는 이런 희생과 애환이 깃들었다고 생각하니 마음이 절로 숙연해졌다. 이런 이야기를 들려준 그분도 어느새 함께 걸었던 이들의 기억에만 남게 되었다. 이런 야사와 같은 이야기는 시간이 흐를수록 더더욱 묻히고 사라질 것이다.

경부고속도로는 지금도 주요 산업의 동맥으로서 우리에게 많은 혜택을 주고 있지만, 동시에 많은 것들을 앗아가기도 했다. 개발이라는 명분 아래 옛것들이 얼마나 많이 스러지고 사라졌을까. 안타까운 마음을 안은 채 우리는 계속 걸었다. 먼 옛날 조상들이 갔던 흔적을 찾아 흐려지고 사려져 가는 옛길을 더듬으며 걷고, 또 걸었다.

우리 일행은 어느덧 낙생고등학교와 판교를 지나, 옛 용인 읍치였던 구성초등학교 앞에 다다랐다. 용인 읍치에 대해 간략하게 설명을 했다. 그리고 전례와 같이 현 경찰대학 앞에서 3대째 하는 순두부집에서 점심을 먹었다. 계미년(영조 39년)에 조선통신사 정사로 일본에 갔다 온 조엄의 해사 일기에는 "통신사 일행은 낮에 판교에서 쉬고, 용인에 닿았다"라고 기록하고 있다. 그 '판교점'의 위치가 지금의 낙생고등학교 자리로 그 시절에는 낙생역과 주막촌이 있었다. 그리고 당도한 '용인'이 용인 읍치로 지금의 구성초등학교 자리이다.

식사를 마친 후 경찰의 도움을 받아 길을 나섰다. 또 걷던 중, 얼마 전까지만 해도 가구단지로 유명하던 어정개((於汀介) 마을이 아파트촌으로 둔갑해 버린 것을 발견했다. 이전 코스에서만 해도 걸어서 통과했던 곳이 이제는 흔적조차 찾을 수가 없다. 우리는 하는 수 없이 예정된 루트를 바꾸어 걸었다. 거기서 얼마 가지 않은 곳에 "옛날에 손자가 할아버지를 찾아 넘던 고개인 멱조현", 일명 메주 고개를 넘어 용인시청에 이르렀다. 전차(前次)와는 달리 반겨주는 이가 없었다. 우리 일행은 간단한 도착식을 갖고 곧바로 용인시청에서 100m 떨어진 곳에 새로 건축한 용인센트럴코업호텔에 여장을 내려놓으니 오후 5시가 되었다. 호텔은 새로 지은 집이라 깨끗하고 시설이 좋아 다들 좋아했다.

그날 밤 잠자리에 누워 곰곰이 생각해 본다.

'매번 우리가 올 때마다 열렬히 환영해 주고, 격려와 응원을 마다하지 않던 용인시가 왜 이번 차에는 냉담한 반응을 보일까. 우리가 뭔가 잘못을 했는가. 아니면 우리가 이번 행사에 대한 의미를 제대로 부여하지 못한 것인가. 아니면 용인시의 기대에 부응하지 못한 것이 있었는지?' 하기야 옛날 통신사가 왕래할 때도 지방에 민폐를 끼치지 않기 위해 삼사에게 왕회로문(往回路文)을 주어 그 길만 왕래하게 했지 않았든가. 깊은 상념에 빠져 잠을 제대로 이루지 못했다.

양옆으로 개나리가 활짝 피어있는 조선통신사 옛길 둘째 날 걷기 일정을 소화하는 참가자들

제7차 21세기 조선통신사 서울-동경 한일 우정 걷기

3일 차 (4월 3일)

일정: 용인시청에서 죽산건강랜드까지 37km

좌찬고개 넘으며
한·일·대만 '고향의 봄' 합창

오늘은 일교차가 심했다. 낮 기온이 19도라고 하여 다들 가볍게 옷을 입고 나왔다. 모두 한기를 느꼈다.

숙소를 출발해 오늘의 출발 지점인 용인시청에 당도하니 김태호 교수, 홍순언 이사, 손형권 감사 등 1일 참가자들이 벌써 나와서 기다리고 있었다. 가볍게 준비운동을 하고 출발 구호를 외치며 37km를 걷기 시작했다.

명지대 입구 삼거리에서 좌측으로 옛길을 따라 걸었다. 양지면사무소에 당도하니 '불망비(不忘碑: 후세 사람들이 잊지 않도록 어떤 사실을 적어 세우는 비석)'가 세워져 있는 것을 보니 옛 양지현이 있었음을 알 수가 있었다. 거기서 잠깐 휴식을 취한 후, 곧장 좌찬고개 마루에 있는

3일 차 >> 용인시청-죽주산성 여정도

평창사거리에 도착해 메밀국수로 점심을 해결했다. 일본 사람을 비롯해 일행이 모두 맛있게 잘 드셨다. '좌찬'이라는 지명은 고려 말 조선 초에 살았던 박포(朴苞)라는 장수가 귀양을 오면서 붙은 이름이다. 박포는 왕자란 때 이방원을 도와 공을 세웠는데 이후 공신으로 받은 대가가 너무도 보잘것없다고 불만을 한 탓에 이 지방으로 귀양을 오게 되었다. 그 당시 박포의 벼슬이 '좌찬성(左贊成)'이어서 자연스럽게 이곳의 고개를 좌찬현(佐贊峴), 좌찬고개라고 부르게 되었다고 한다.

우리 일행은 이 좌찬고개를 넘으며 '고향의 봄' 떼창을 불렀다. 한·일·대만 3국에서 온 참가자들이 한마음으로 부르는 "고향의 봄" 합창은 우리는 국적만 다를 뿐 한 방향을 보고 나아가는 떼려야 뗄 수 없는 가까운 이웃이라는 생각이 마음속 깊이 사무쳤다.

옛 좌찬역 자리에 있는 좌항초등학교를 지나 걷는 17번 국도는 교통량이 많아 자동차 소음이 심했다. 걷고 걸어 백암면사무소에 도착했다. 이곳에서 지방 특산품으로 유명한 순대를 안주 삼아 막걸리 한 잔을 걸치니 세상이 다 내 것인 양 피로가 확 풀렸다. 차가 많은 도로를 빠져 나와 조용한 농촌 마을로 접어드니 진촌마을이 나왔다. 진촌마을은 옛날에는 주막이 많았던 곳이었다고 한다. 지금은 주막을 찾을래야 찾을 수도 없지만 한적하고 풍요로운 마을이 되었다. 마을의 앞뜰에는 매우 넓은 들녘이 있고, 그 너머에는 청미천이 흐른다. 이 청미천은 얼마 전까지만 하더라도 물이 자주 범람해 홍수 피해가 잦은 곳이었다고 한다.

그러나 지금은 관개(灌漑) 시설을 잘 갖추어 피해를 막게 되었다. 들녘을 지나 분행 마을을 통과할 즈음 동네 어귀에 큰 바위에 새겨진 불망비를 발견했다. 이곳에 큰 마을이 있어 부사들이 다녀간 곳임을 짐작할 수가 있었다.

거기서 1km 남짓 걷자 오늘의 숙소인 '죽산건강랜드'에 도착했다. 건강랜드는 규모도 크고 시설도 좋은 곳이지만 올 때마다 아찔한 경험을 떠오르게 하는 곳이다. 일전에 여기서 단체로 세탁물을 맡겼는데 공업용 세탁기로 빨래를 한 탓에 유니폼과 고급 옷들을 못 쓰게 된 일이 있었다. 이번에는 그런 실수를 하지 않기 위해 각별하게 조심했다.

이번에 참가한 회원의 평균 나이가 72세인데도 불구하고 오늘 하루에 약 100리 길을 오는 동안 낙오자가 단 한 명도 없었다. 안도의 한숨과 함께, 한·일·대만 3국의 참가자들에게 모두 감사를 드린다.

조선통신사 옛길걷기 참가자들 일행을 에스코트해 주는 경찰차

서울-동경 한일 우정 걷기 행사 3일 차 걷기를 에스코트해 준 경찰들과 함께한 참가자들

점심을 먹은 메밀국숫집 앞에서의 한국 참가자들(위)과 대만 참가자들(아래)

조선통신사 옛길걷기 3일 차 들녘을 걷고 있는 참가자들

제7차 21세기 조선통신사 서울–동경 한·일 우정 걷기

4일 차 (4월 4일)

일정 : 안성 죽주산성 비립거리에서 옛 곤지애 생극면사무소까지 24km

조선 후기 무장,
어제연 장군 생가 방문

 지난밤에는 건강랜드에서 여유롭게 찜질도 하고 목욕도 했다. 푹 쉬면서 피로를 말끔히 씻어 낸 덕분인지 모두가 상쾌한 기분이 되었다. 8시에 출발 장소인 비립거리에 도착하였으나 경찰 에스코트 차량이 오지 않았다. 5분 정도 기다렸는데도 오지 않아 아쉬운 마음으로 먼저 출발했다. 오늘은 걸을 거리가 23km밖에 되지 않아 한결 가벼운 발걸음으로 길을 나섰다.

 비립(碑立) 거리는 안성 죽주산성 입구에 자리 잡고 있는데 옛 고을의 원님을 비롯해 지역 관리들의 치적이나, 고관대작들이 다녀간 기념 비석들이 즐비하게 들어서 있던 거리다. 지금은 산업도로가 생기면서 본디 있던 곳보다 조금 높은 위치로 옮겨져 있다.

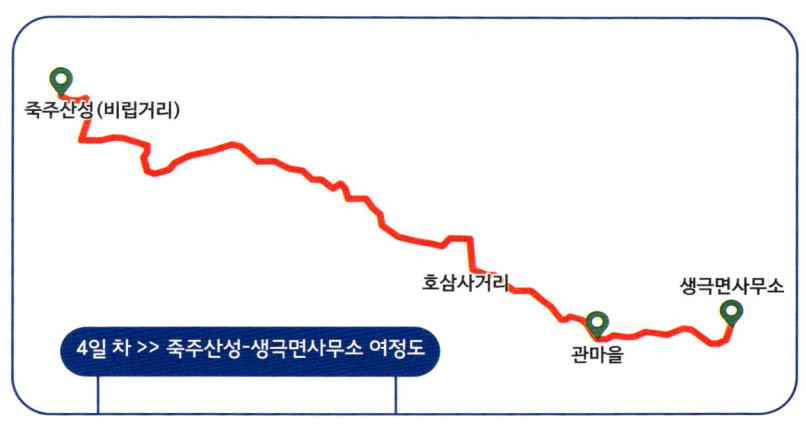

거기서 800m 정도 걸어 미륵당을 잠깐 들러 참배와 기념사진을 찍고 길을 나서는데 경찰 차량이 도착했다. 그때부터 경찰의 에스코트를 받으며 동래대로의 옛길을 따라 걸었다.

가던 중 안성 천주교 성지에 들렀다. 성지에 대한 설명을 간략하게 듣고, 경기도와 강원도, 충북의 3개도를 교차하는 국도를 지나 어제연(魚在淵) 장군의 생가를 방문했다. 어제연 장군은 병인양요와 신미양요 때 강화도 앞바다에 침입한 프랑스와 미국에 맞서 싸워 나라를 지킨, 조선 후기의 무장이다. 장군의 생가 근처의 들밥집에서 갈비탕으로 점심을 해결했다. 배가 고파서인지, 아니면 걷는 운동을 해서인지 일본, 대만 그리고 한국 참가자 모두가 갈비탕을 맛있게 잘 먹는다.

오늘 걷는 코스는 '관마을'이라고 하는 곳에서 두 갈래 길이 있는데 어느 쪽이 통신사들이 직접 지나간 옛길인지는 의견이 분분하다. 초

마애미륵불상 앞에서의 단체 사진

기에는 우리도 음성군 쪽 방향으로 갔으나 요즘은 큰바위얼굴테마공원이 있는 길을 택해 곤지애로 갔다. 오후 4시경에 생극면사무소에 도착했다. 이 근방에는 잠잘 곳이 없어서 약 6km 떨어진 금왕읍 소재지에 있는 '크라운모텔'을 예약해 두었다. 택시 10대를 불러 나누어 타고 숙소에 가서 휴식을 취했으나 시설이 낙후하여 회원들의 인상은 퍽 좋지 않았다. 그러나 이 근방에서는 단체 손님은 예약 자체를 받지 않는 곳이다.

행사 4일 차 홍순언 코스 리더를 따라 힘차게 통신사 옛길을 걷는 참가자들

휴게실

조선 시대 통신사들이 주로 이용한 길

우리나라의 경우는 증정교린지에 의하면 로문식(路文式)에 따라 한양을 출발해 문경·유곡까지는 동래로를 따랐다, 유곡에서 좌도로 방향을 바꾸어 예천·영천·경주·울산·동래로 이어지는 길을 이용했고, 돌아올 때는 우도를 따라 귀경했다. 그리고 일본의 경우는 대마도에서 오사카까지는 배를 이용해 해로로 이용했고, 그 이후부터는 육로로, 주로 나카센도(中仙道·中山道)와 도카이도(東海道)를 따라 동경(에도·江戶)에 이르렀다.

도카이도는 일본의 7대 도로 중 하나로 동경(에도 니혼바시·江戶 日本橋)에서 교토(산조하시·三條橋)에 이르는 해안선을 따라 나 있는 도로(490km)로, 오늘날은 주로 1번 국도로 되어있으며, 도카이도에는 본진(本陣) 53宿이 있다.

나카센도(中山道·中仙道)는 해변을 따라 걷는 도카이도와 비교해 내륙지방 산속 길로 전체의 길이가 530km로, 69개의 슈쿠바(宿場)가 있다.

이처럼 조선통신사가 왕래했던 길은 우리나라에서는 고려 시대로부터 이어진 역참제·파발마 제도가 조선 시대에 들어서면서 역마제도로 발전해, 한양에서부터 전국 각 지역에 41역도(驛道)와 516군데의 역(驛)을 두었다. 이를 통해 중요문서나 군사정보를 신속하게 전달하거나, 관리들이 출장 가거나 여행할 때 이용할 수 있도록 했다. 일반인들이나 상인들이 이용할 수 있는 주막도 있었다. 이와 마찬가지로 일본에서도 조선 시대의 역마제도와 비슷한 역할을 하는 슈쿠바(宿場) 제도

휴게실

가 있었다. 각 가이도(街道)에는 역(驛)이라고 할 수 있는 슈쿠바(宿場·宿驛)가 있었다. 공무용(公務用)을 위해 역군과 말(馬)들을 언제든지 이용할 수 있도록 준비해 두는 톤야바(問屋場)도 있었다. 그리고 관리나 무사들의 숙박을 위한 혼진(本陳)이 있었다. 그 외 일반 여행자 대상의 숙박집인 하타고야(旅籠屋)나, 좀 더 싼 숙박업소인 키친야도(木賃宿)란 곳이 있었다. 아울러 간단히 차 한 잔 마시며 쉴 수 있는 차야(茶屋)라는 다방 그리고 물건을 사고파는 상점도 있었다.

그런가 하면 길 거리를 쉽게 알 수 있도록 1리(한국 10리) 즉 4km마다 1里塚을 만들어 이용자들에게 편의를 제공했다. 일본 전역에는 이러한 것들이 아직도 많이 남아있으며 잘 보존되고 있는가 하며, 그것을 활용해 슈쿠(宿) 축제도 개최하고 있다.

제7차 21세기 조선통신사 서울-동경 한·일 우정 걷기

5일 차 (4월 5일)

일정 : 생극면사무소에서 충주까지 38km

옛 통신사 사행들이 휴식했던 숭선참은 수몰되고

오늘의 출발지인 옛 곤지애, 지금의 생극면사무소에 집합하기 위해 서둘러 아침밥을 먹고, 택시를 이용해 생극면사무소에 도착했다. 오늘 코스의 리더와 문화해설을 하기로 하신 분을 기다렸으나 오시지 않아, 08시가 되어 우리는 먼저 출발했다. 생극면사무소를 출발해 20분을 경과 할 즈음, 오늘 걷기 코스를 리드해 주실 충주문화연구원 이상기 원장님이 도착해 우리를 안내하기 시작했다. 이상기 원장은 해박한 지식과 빼어난 언변에다가 일본인과 대만인들을 위하여 메모지에 기초로 한자(漢字)를 적어가면서 이해도를 높이려는 그 열정이 남달랐다. 그로 인해 우리는 400년 전으로 타임머신을 타고 여행하는 것 같은 기분이 들었다. 무엇보다도 재미있는 것은 이곳의 동네이름

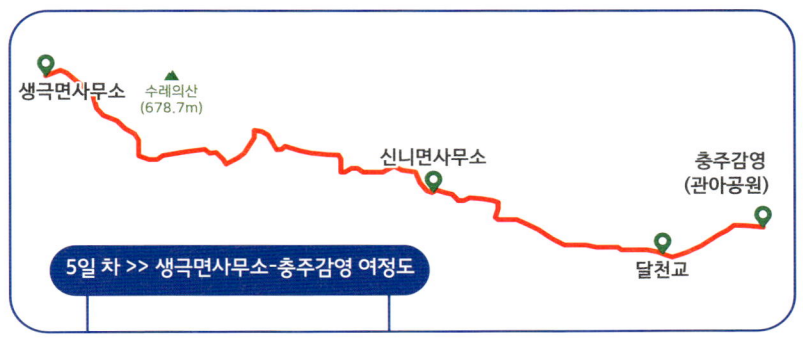

이 '생극·생리"라는 좀 색달라 참가자들은 웃음보를 터트렸다. 원래 옛길은 생극면에서 83번 국도를 따라가다 생리에서 왼쪽 길로 해서 뱀산을 넘어 신니저수지(옛 숭선참) 방향으로 가야 하는데 산등성이에 골프장이 생겨 갈 수가 없었다. 그래서 우리 일행은 생극면사무소~생리를 거쳐 지금은 저수지가 되어 수몰된 옛 숭선참이 있었던, 신니저수지를 지나, 신니 벚나무집에서 점심을 해결했다.

옛날 조선통신사도 이곳 숭선참에서 휴식을 취했다고 한다. 그다음 사육신 중의 한 분이시며, 세종의 총애를 받았던 박팽년(朴彭年: 1417~1456·조선 초의 학자이자 충신) 사우(祠宇:위패를 모신 사당)가 있는 신니면 신청리에 들러 참배했다. 그런데 왜 이런 외딴곳에 박팽년의 사우가 있는 것일까. 처음 그곳을 찾을 때는 몰랐지만 후일에 알아보니 박팽년의 부인 묘소가 신니 근처에 있어서 그 가까이에 사우를 세운 것이라고 한다.

신청리를 비롯한 이곳은 전형적인 한적한 농촌의 모델이라 할 수

신청리에서 박제 선생의 후손들이
환영 플래카드를 들고 조선통신사 옛길걷기 일행을 반기고 있다

있는 전원마을이다. 농촌의 자연적인 곡선미와 아름다운 풍경을 음미하면서 걷는데 웬일인지 환영 문구가 쓰인 현수막을 들고 나와서 우리를 반겨주시는 사람들이 있다. 이들은 다름 아닌 1617년경에 장도에 오른 제2차 조선통신사의 부사였던 박제 선생의 후손들이었다. 조선통신사 옛길을 걷노라면 가는 곳마다 기꺼이 환영하면서 음료수 대접을 마다하지 않으시는 분들이 적지 않다. 그런 분들을 뵈면 일행의 사기가 북돋아질 뿐만 아니라 우리의 걸음걸이가 가벼워진다. 생각지도 않았던 뜻깊고 의미 있는 환대로 우리 일행은 즐거움과 보람을 느

청령헌 관아공원에서 충주시 문화체육관광국 관계자분들과 함께하는 참가자들

낄 수 있어서 기분이 상쾌하였다.

한적한 들녘을 지나 조선 시대 역원(驛院)이 있었던 대소원 면사무소에 들러 휴식을 취했다. 그곳 면장이 고맙게도 우리들에게 음료수를 건네주어서 긴 여정에 생긴 갈증을 해소했다. 우리는 제6차 때와는 달리 행여 발생할 수 있는 교통사고 위험 지역을 피하고자 옛길인 대소면 초등학교를 지나 3번 국도를 걷지 않고, 좀 더 조용한 요도천변을 따라 한국교통대학 앞과 달천교를 지나는 길을 선택했다. 충주 KBS방송국을 지나 번잡한 시가지를 통과했다. 이윽고 충주 관아가

있었던 청령헌, 즉 관아공원에 도착하니 충주시 문화체육관광국 우선택 국장과 관계자들이 나와 우리를 기다리고 있었다. 환영과 축하의 인사를 나누고 숙소인 미라클 호텔에 여장을 푸니 저녁 5시 30분이 되었다. 이날 우리는 38km를 걸었다.

제7차 21세기 조선통신사 서울-동경 한일 우정 걷기
6일 차 (4월 6일)
일정 : 충주 문화유적 답사

탄금대에 맺힌
원한의 탄식은 아직도…

    오늘은 문화유적 답사를 하는 날이다. 아침 9시에 이상기 원장이 제공한 버스에 몸을 싣고 탄금대를 찾아 8천 고인의 영혼을 기리는 충혼탑에 우리 모든 일행은 절하며 영혼을 위로하고, 중원탑·박물관 등에 이어 통신사 부사로서 일본에도 다녀온 박제 선생의 묘소를 찾았다. 문화유적 답사를 위해 버스에 오르자마자 이상기 원장이 열변을 토하며 유적 문화해설을 했다. 하루 일정 내내 우리와 함께 다니면서 보람찬 하루 일정을 보내도록 도와준 이상기 원장이 향토 사학 발전에 바친 열정을 충분히 가늠할 수 있었다. 오랜 세월 지방문화 창달에 쏟은 그 헌신에 절로 고개가 숙어졌다. 특히 이상기 원장은 다른 향토사학자들과는 달리 겸손하면서도, 정제된 학술적 내용을 올곧게 설명해주는 모습이 무척 인상 깊었다.

 탄금대는 가야금을 발전시킨 가야인 우륵이 가야금을 연주했던 아름다운 경관을 가진 곳이다. 그러나 동시에 임진왜란 때 삼도순변사(三道巡邊使)로 파견된 신립(申砬: 조선 중기 무장)이 방어 대열을 잘못 세운 탓에 조선 관군이 대패한 곳이기도 하다. 당시 충주 백성들은 관군을 믿고 피난을 가지 않았는데 이때 일본군에 희생된 숫자가 다른 지방보다 많았다고 한다.

 그런 사연을 생각하니 가야금의 그 아름다운 선율보다는 8천 고인들의 피비린내 나는 신음이 더욱 또렷하게 들려오는 것 같았다. 당시 신립 장군이 탄금대 대신 천 년의 요새인 문경 새재에서 싸웠다면 인명피해를 줄일 수 있었을 텐데라는 아쉬움이 몰려왔다. 당시 애꿎게 목숨을 잃은 어진 농민들의 원망과 한탄 소리가 현장에서 애절하게 들리는 것만 같았다. 참으로 참담하고 비통한 역사의 뒤안길이다. 그곳에 가해 당사자인 일본인 후손들과 함께 역사를 되짚어 보고 있노라니 만감이 교차한다.

충주 탄금대에서 바라본 주변 경관

충주 탄금대의 열두대에 오른 참가자들

충주 충청감영문(중원루) 앞에서 문화재 해설을 듣는 조선통신사 옛길걷기 참가자들

제2차 조선통신사 부사로 참가한 박제 선생 묘소를 참배하는 참가자들

휴게실

탄금대 율시(彈琴臺 律詩)

탄금대에 흐르는 물 한을 남기고
깊은 원수 야마대는 잊지 못하겠네
산하는 아직도 기세가 웅장한데
잔나비와 학은 오늘도 슬피우네
지나는 나그네는 울분만 더하는데
외로운 작은 배가 역류해 돌고 있네
와신상담 나라 사랑 백 년의 아픔이니
눈물을 닦으면서 동래로 내려가네

☞ 김인겸은 영조 때 11차 조선통신사 서기로 일본을 가면서 이 시를 남기고, 일본에 갔다 와서는 기행록인 [일동장유가(日東壯遊歌)]를 썼다. 국문본인 일동장유가의 형식은 4음보 1행을 기준으로 모두 4,200행이 넘는 장편 기행가사이다. 서울대학교 중앙도서관 가람본이 영인·보급되어 있고, 별도로 이가원(李家源)본이 있다.

제7차 21세기 조선통신사 서울-동경 한일 우정 걷기

7일 차 (4월 7일)

일정 : 충주 관아에서 수안보 원천까지 23km

물 한 잔에
따뜻한 인정을 느끼며

충주 관아공원에서 충주시 문화체육 과장의 환송사를 출정식 메시지로 삼아 길을 나섰다. 유엔 사무총장이셨던 반기문 총장의 모교인 충주고등학교를 지나 임경업 장군을 기리는 사당인 충렬사를 들러 참배하고 다채로운 설명을 들었다. 이곳 충열사는 옛 조선통신사들도 들러 참배하곤 했던 곳이다.

17세기 조선 중기 명장으로 그 유명한 이괄의 난을 진압하면서 무관으로 두각을 나타낸 임경업 장군은 당시 조선 백성의 두터운 신망을 받았고 당시 명·청군 사이에서도 무예와 지략의 명성이 자자했던 일세를 풍미한 무장이다. 충주 달천 출생인 임 장군은 1624년 인조 2년 되던 해 정충신(鄭忠信) 장군 휘하에서 이괄(李适)의 난을 평정하는

7일 차 >> 충주 감영-수안보 여정도

데 큰 공을 세워 진무원종공신(振武原從功臣) 1등을 하사받았던 인물이다. 조선 인조 당시 종전의 강자였던 명나라가 쇠퇴하고 청나라가 득세하는 와중에 그는 명나라와의 의리를 중시하는 철저한 친명배청파(親明排淸派) 무장으로 소신을 굽히지 않아 비참하게 최후를 맞이했다.

옛 단월역이 있었던 단호사(丹湖寺)를 찾아 주변의 문화유적을 둘러봤다. 충청북도 충주시 단월동에 있는 단호사는 조선 숙종 때 중건된

고찰로, 이곳에는 보물 제512호로 지정된 단호사 철불좌상(鐵佛坐像)과 2m 높이의 3층 석탑으로 유명하나 정원에 비스름하게 누워있는 노송이 일품이다.

이곳에서 나와 달천을 따라 수안보를 향해 걸었다. 걷는 도중에 김태호 교수 부부께서 바나나, 딸기와 귤 등을 잔뜩 사서 오셨다. 함께 나누어 먹으니 갈증을 느끼던 우리에게는 참으로 꿀맛이었다.

앞서도 밝혔듯이 선조 40년(1607) 임진왜란 종전 후 처음으로 조선통신사가 파견되었다. 당시 초대 정사는 여우길(呂祐吉: 1567~1632), 부사는 청주가 관향(貫鄕: 시조가 난곳)으로 조선통신사 기록인 [해사록]을 쓴 경섬(慶暹: 1562~1620)이었다. 부사 경섬은 당시 충주에 도착할 당시의 상황을 이렇게 기록했다.

"말을 달려 용안역(用安驛)에 도착하니 날이 이미 뉘엿뉘엿 저물었다. 연원찰방 기경중(奇敬中)이 사람과 말을 데리고 왔다. 지대관은 진천현감 윤인연(尹仁演), 청안현감 양사행(梁土行)이었다. 서울에서 여기까지 나흘 동안의 길을 모두 점심을 먹지 않고 연일 역참을 지나는데, 기곤(飢困 · 굶주리고 고달픔)이 뼈에 사무쳐 괴로웠다." [해사록: 1607년 1월 16일]

임진왜란 직후 당시 조선 산하와 백성들이 얼마나 고달프고 굶주렸는지 충분히 상상이 간다.

충주 관아로부터 약 15km 정도 걸었을 즈음 백반집에 들러 깔끔하게 잘 차려진 시골밥상을 점심으로 먹고 걸었다. 충주에서 수안보로 넘어가는 옛길에는 두 갈래 길이 있다. 한 길은 양반들이 다니는 길로

임경업 장군의 사당인 충열사 입구

조금 완만하나 거리가 먼 반면, 다른 길은 조금 경사진 길이나 거리가 짧아 서민이나 장사꾼들이 즐겨 다녔던 길이다. 우리 일행은 양반 길을 선택해 조금 완만한 길로 걸었다.

  유유자적하게 길을 걸으면서 수회를 지난다. 옛 통신사들이 쉬어간 곳이기도 하다. [해사록]의 기록을 보면 경섬 일행은 동래로를 따라 남진을 계속해 하루 뒤에 거읍(巨邑) 충주에 도착했다. 그런데 겨울비가 계속 추적추적 내리자 충주에서 1박을 더한 뒤 다음날 오늘날의 수안보면 수회리에 도착했다. 당시 충주목사는 단양이 본관인 우복룡(禹伏龍), 그리고 청주목사는 [동국지리지]의 저자로 잘 알려진 한백겸(韓伯謙)이었다. [해사록]의 기록을 보면 우복룡과 한백겸은 충주목 관아에서 경섬 등 통신사 지도부를 위한 연회를 베풀었다고 한다.

  제1차 21세기 조선통신사 옛길걷기 당시에 우리는 수회리에 있는 경찰학교에서 경찰악대가 나와 응원과 격려의 연주를 해 주었다. 신나는 음악을 들으면서 걸으니 발도 한결 가벼웠던 기억이 떠오른다. 그랬던 길이 지금은 한적하니 새삼 새로운 길을 걷는 기분이다. 조용한 시골길을 걷는 기분으로 지나간다. 수회리를 거쳐 오르막길을 걷는 도중 주유소 사장이 땀에 젖은 우리를 보고 고생한다면서 물을 제공해 주었다. 장도에 오르다 보면, 어떤 주유소에서는 단체로 화장실을 쓴다고 고함을 지르며 면박을 주는 사람이 있는가 하면, 또 다른 주유소에는 이렇게 뜻밖의 환대를 베풀어 주니 나그네의 마음도 더욱 포근해진다. 덕분에 따뜻한 인정을 마음 깊이 새긴다.

　오늘은 수안보 원천에 오후 3시에 일찍 도착해 여장을 내려놓고 온천욕으로 피로를 풀면서 휴식을 취했다.

수안보 시내로 들어선 걷기 참가자들　　　　수안보 향나무집에서의 푸짐한 한식 상차림

달천을 옆에 끼고 도로 갓길을 따라 수안보를 향해 걷는 참가자들

> 제7차 21세기 조선통신사 서울-동경 한·일 우정 걷기
> **8일 차 (4월 8일)**
> 일정 : 수안보 원천에서 문경서중학교 관산지관까지 22km

문경새재 넘으며
한·일 평화·우정의 가교 되새기며

오늘은 수안보 원천을 출발해 문경서중학교 교정에 있는 관산지관까지 22km를 걸었다. 이 코스는 한국 내 조선통신사 옛길 중 유일하게 산길인데, 새들도 산을 넘기가 힘들어 쉬어가는 곳이라 하여 문경새재 길이라 한다. 그런 만큼 인위적인 개발의 영향을 많이 받지 않아 비교적 옛 모습을 잘 간직한 길로, 자연 그대로의 경치가 무척이나 아름다운 곳이다.

그러나 옛 제11차 조선통신사의 일원이었던 김인겸은 이 고개를 넘으면서 신립 장군의 탄금대 전투를 생각했던 모양이다. 계미년(영조 39년)에 사행으로 일본에 갔다 온 김인겸은 조령을 지나며 다음과 같은 시 한 수를 남기기도 했다. 천혜의 요새였던 이곳 문경새재에서 지

키지 못한 것들을 원통하게 회고하는 내용이다.

　　허공에 달린 오솔길 양의 창자보다 험하고
　　무너질 듯 푸른 벼랑 석양이 비꼈네
　　만약 한 사람만 먼저 관문 지켰으면
　　그때 고니시 유키나가(小西行長·소서생장) 목을 쉬이 베었지

　　김인겸의 시처럼 그때 고니시 유키나가(小西行長)의 목을 베고 문경

새재에서 일본군을 격퇴했더라면 역사는 또 다르게 바뀌었으리라 생각이 된다. 역사 속에 이렇듯 상반된 관점이 있음을 되뇌면서 우리 일행은 8시에 수안보를 출발해 옛 안보 역이 있었던 안보를 지나 긴 고갯길을 따라갔다. 소조령(小鳥嶺 · '작은 새재'라는 뜻으로, 충북 충주시 수안보면 화천리와 괴산군 연풍면을 연결하는 고개)에 올라 뒤를 돌아보니 우리가 올라온 길이 아득하게 보인다. 이어서 이화여대 수양관을 지나, 제 3관문인 조령관 앞까지 숨 가쁘게 오르니 문경시에서 파견한 담당 직원과 해설사가 우리를 기다리고 있었다.

해설사들을 소개하기 전 이번 걷기 기행의 목표를 되새겨보는 시간을 가졌다. 이럴 때마다 필자가 매회 꺼내는 이야기는 "여기서 북쪽으로 가면 침략의 길이요, 우리처럼 남쪽으로 가면 평화의 길이다"라는 말이다. 우리가 가고 있는 이 여정은 단순히 서울부터 동경까지 긴 거리를 걸었다는 성취감을 얻기 위한 걷기만은 아니다. 우리의 걷기는 21세기 한 · 일 양국 사이에 평화와 우정의 가교를 놓는다는 큰 의미를 담고 있다.

해설사들은 우리 일행과 함께 걸으면서 제2 관문인 조곡관, 제1 관문인 주흘관, 그리고 신혜원과 동화원에 대한 설명을 자세하게 들려 주었다. 문경새재를 두루 살펴본 후, 오후 1시 30분에 넘기 힘겨운 새재를 완전히 넘었다. 소문난 묵조밥집에 도착하여 때늦은 점심을 먹고, 마지막 도착지를 향해 발길을 재촉했다. 가는 도중에는 화사하게 핀 벚꽃이 우리의 걸음걸음을 반겨 주고 용기를 북돋아 줬다.

목적지인 '관산지관(冠山之館 · 경북 문경시 문경읍 상리에 있는 조선 시

문경새재로 이르는 옛 과거길 표지석

대 건축물)'에 도착하니 문경읍장님과 부읍장님이 나와 우리를 환영하고 격려해 주었다. 문경서중학교의 교장 선생님도 나와서 환영 인사를 건네주셨다. 우리는 그 보답으로 유니폼 티셔츠와 조선통신사 옛길 걷기 계획서를 드렸다.

관산지관은 고려·조선 시대에 관리들의 숙소로 지어졌으며, 일제강점기 시대에는 군청으로 사용되었다고도 한다. 이곳에서 통신사 삼사들은 숙소로 이용하며, 임금에게 '망궐례(望闕禮·궁궐이 멀리 있어 궁궐로 행차해 왕을 알현하지 못할 때 멀리서 궁궐을 바라보고 행하는 예)'를 올리기도 한 유서 깊은 곳이다. 이로써 우리는 서울을 떠나 경기도, 충청도를 지나 경상북도에 무사히 도착했다.

도착식을 마친 뒤 1.2km가량 떨어진 '필 모텔'에 여장을 풀고 숙소 바로 옆에 있는 문경 종합온천탕으로 서둘러 갔다. 이곳은 칼슘 중탄산천과 알칼리성을 함유한 물로, 이 지역에서는 유명한 목욕탕이라고 한다. 좋은 물에 몸을 담그니 어깨에 덕지덕지 붙어 있던 피로도 말끔히 녹아내리는 것 같았다.

문경새재 초입을 지나는 참가자들

문경새재 옛길을 걷고 있는 참가자들

조선통신사 서울-동경 우정 걷기 행사 8일 차 오후 일정으로 주변에 벚꽃·개나리·목련꽃이 화사하게 핀 길을 걷는 참가자들

문경새재의 낙동강 발원지 '문경초점' 표지석

문경새재아리랑

문경새재 홍두깨
아리랑 아리랑 아라리요
문경새재 아리랑 고개로 날 넘겨주소
물박달 방망이 고드래 방망이
아리랑 아리랑 아라리가 났네
아리랑 어절시구 날 넘겨주소

큰 아기 손질에 놀아난다
홍두깨 아리랑 아리랑 아라리요
방망이 아리랑 고개로 날 넘겨주소
아리랑 아리랑 아라리가 났네
아리랑 고개로 놀다 좋아

궁글로 아리랑 아리랑 아라리요
아리랑 아리랑 고개로 날 넘겨주소
고아이 굽이 굽이야
개리로 아리랑 고개로 날 넘겨주소
넘어 갈 제
아리랑 아리랑 아리 아리요다

문경새재 '아리랑' 표지석

문경새재(조령) 영남제3관문 앞에서 단체 사진을 찍는 참가자들

8일 차 목적지인 관산지관에 도착해 문경읍장·부읍장 등 문경읍 관계자들과 단체 사진을 찍는 참가자들

제7차 21세기 조선통신사 서울-동경 한·일 우정 걷기
9일 차 (4월 9일)
일정 : 권산지관에서 호계성보촌까지

'고모산성'
성황당에 기원하며

    오전 7시 50분에 권산지관 앞에 모여 간단한 준비체조를 하고 문경읍내를 출발했다. 충북지방과 달리 기온이 조금 높아서인지 벚꽃이 활짝 피어 그 아름다운 자태를 자랑하는 듯 우리를 유혹한다. 화사하게 핀 벚꽃에 매료되어 피로한 줄도 모르고 호계면 성보촌을 향해 출발했다. 고려 때부터 교통의 요지로 오가는 길손들에게 말을 길러 제공하기도 하고, 조선 시대에는 군졸들이 말을 타고 훈련을 했던 마포원(馬浦院)을 지났다.

    문경 들머리에 있던 마포원(馬浦院)의 옛 자리 마원리 초입에는 유구한 수령을 자랑하는 느티나무가 한 그루 서 있다. 구한말에 제작된 지형도를 살펴보면 '마원리'는 '가촌(街村)'이라고 표시되어 있어 예부터

교통의 요충임을 알 수 있다. [대동지지]에는 "옛길은 문경으로 들지 않고 잣밭산 곁으로 오리터까지 곧바로 난 길을 따른다"라고 적혀 있다. 아울러 이 책에는 "초곡(草谷)에서 홀전(笏田)까지 10리, 마포원(馬浦院)까지 10리인데, 가촌으로 가면 문경으로 들르지 않고 직행한다"라고 돼 있다.

신원을 지나 조그마한 산을 오르자 고모산성(故母山城)에 도착했다. 삼국시대부터 내려오는 천혜의 요새이다. 산성고개 마루의 성황당에 무사 완보를 빌며 돌 하나를 올려놓았다.

고모산성은 주변에 있는 영남대로와 진남교반과 어우러져 멋진 관광지로 이름을 높이고 있다. 옛 성을 배경 삼아 아름다운 풍광과 함께 사진 한 컷을 찍고, 우리 일행은 문경의 명품인 철로 자전거를 탔다. 평균 72세의 노인들이 모두 어린애가 되어 콧노래를 부르며 피곤함도 잊고 신이 났다.

점심 식사로는 인근에서 매운탕을 먹었는데, 너무 매워서 일본인은 물론 필자도 먹을 수가 없었다. 옛날 조선 시대 때도 이곳은 민물고기로 만든 매운탕이 꽤 유명했던지 옛날 통신사 사행들도 매운탕을 먹었다는 기록이 있다. 그리고 옛길은 고려 태조 왕건이 남진(南進)할 때 이곳에 이르러 길을 잃었을 정도로 산세가 비탈진 길이다. 이어져 있다고는 하지만 아무리 생각해도 여전히 너무 위험하고 낭떠러지가 심한 길이다. 기행 초기에 필자가 직접 확인해 보았을 때도 엄청난 급경사 비탈길이라 옛 조선통신사 사행들이 그 길을 이용했다는 사실이 믿기지 않았다. 그래서 우리 일행은 옛길 대신 진남교반의 옛 차도를 따라 코스를 잡아 걸었다.

그리고 강이 자주 범람해 홍수가 잦은 곳이기도 했던 모양이다. [해사일기]에 의하면 이곳 수탄을 지날 때는 '월척군'이라는 직책이 있어 사람을 업어 강을 건너 주곤 했다고 한다. 그러던 중 계미사행(영조 39년) 때는 강을 건너다 인마가 넘어져 사람이 강물에 떠내려가는 일도 있었다고 한다.

진남교반에 강한 바람과 비가 온다는 예보가 있었다. 발길을 재촉해 옛 유곡역에 도착했다. 옛 유곡역은 서울과 영남을 잇는 가장 중요

문경시 환영식에서의 단체 기념사진

한 요충지이자 찰방역(察訪驛)이었다.

유곡역에서는 안동으로 가는 길과 상주로 해서 동래로 가는 길, 두 가지 길이 있다. 옛 조선통신사들은 보통 유곡에서 중로(中路)를 택하지 않고, 좌로(左路)를 택해서 갔다고 하는데, 그 이유는 원중거의 [승차록(乘車錄)]에서 엿볼 수 있다. 안동과 경주에서 장거리에 지친 사행들을 위해 사연(賜宴·국가에서 베풀어 주는 향연)을 열었기 때문이다.

유곡역을 지나 점촌 농협 신기지점에 이르렀을 때 빗방울이 떨어지기 시작했다. 일행은 우비와 우산을 준비해 빠른 걸음으로 견탄(영강)의 별암교를 건넜다. 먼 옛날 조선통신사들도 장도에 올라 영강을 건널 무렵 빗줄기가 쏟아지면 겁을 잔뜩 집어먹었다고 한다. 순식간에 강물이 범람해 길을 계속 갈 수 없기 때문이었다. 다행스럽게도 도착지점인 호계 성보촌에 다다랐을 때야 빗방울이 떨어지기 시작했다. 우비 차림이 되어 들어서니 문경시 직원들이 먼저 와서 환영준비를 열심히 하고 있었다. 오후 4시 30분에 고유환 문경시장께서 오셔서 환영식을 베풀고, 푸짐한 선물도 주셔서 감사한 마음이 그지없었다.

고모산성을 둘러보는 참가자들

호계성보촌으로 향하는 진남교반 일대의 벚꽃길 풍경

> 제7차 21세기 조선통신사 서울-동경 한일 우정 걷기
> **10일 차 (4월 10일)**
> 일정 : 호계에서 예천까지 28km

용궁의 전설 깃든
토끼간빵을 상품으로

옛 조선통신사들은 유곡을 출발해 낮에 용궁(龍宮)에서 쉬고 저녁에 예천에 닿았다고 한다. 그러나 우리 일행은 호계 성보촌에서 1박을 했다. 이곳은 1997년도에 처음으로 조선통신사 옛길을 따라 서울에서 부산까지 50명이 걸을 당시에는 그 지역에서는 꽤 큰 초등학교여서 그 교실에서 유숙한 적이 있다. 그러나 이농(離農) 현상이 가속화되면서 자연스럽게 폐교가 된 후 오늘날은 학교를 개조해서 만든 숙소로 사용하고 있다.

오늘 아침에 일어나 밖으로 나가니 때이른 눈이 오고 있었다. 대만 회원들이 들떠서 필자에게 손짓을 했다. 대만 회원들은 우리가 지나온 조령산 쪽을 가리키며 눈이 온다며 신기한 듯이 좋아하고, 핸드폰

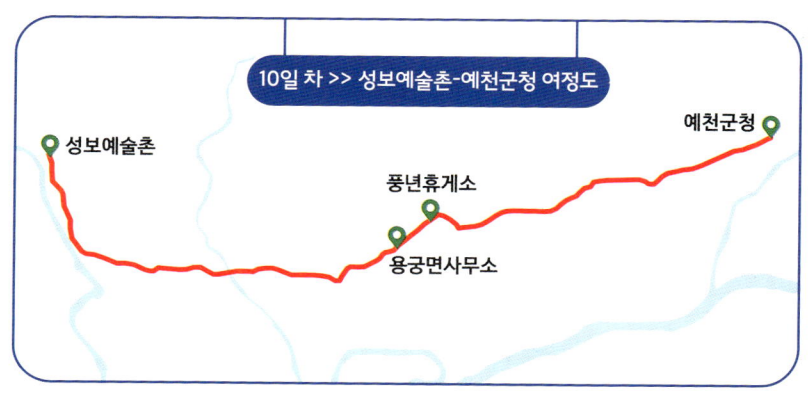

사진을 찍느라 여념이 없었다. 그들에겐 그러한 반응이 너무 자연스러워 보였다. 대만은 워낙 눈(雪)을 보기 어려운 곳일뿐더러, 더욱이 4월 중순에 내리는 눈은 상상도 할 수 없다. 지난밤에 내린 눈으로 하얗게 덮인 조령산을 보고 우리는 기쁜 마음으로 아침 식사를 하고 오전 8시에 성보촌을 출발, 예천으로 향했다.

  날씨는 맑았으나 바람이 다소 불어 강둑 가로수로 심어 둔 벚나무들이 화사한 자태의 꽃잎을 하염없이 후드득 떨어뜨리고 있었다. 꽃눈 같은 벚꽃잎들이 얼굴을 스치며 흩날려갔다. 어쩌면 사소해 보이는 그 순간, 뜻밖의 즐거움에도 다들 어린애들처럼 환호성을 지르며 야단법석을 피웠다. 그러는 사이 심청전의 설화에 나오는 용궁과 같은 이름을 가진 용궁면에 도착했다. 용궁면사무소는 용궁면의 행정중심지이기에 기행 길을 걸을 때면 매번 들러서 쉬어가곤 했던 곳이다.

  재미있는 건 매번 면장이 누구냐에 따라 우리 일행을 환영해 주는 방법도 달라진다는 사실이다. 예전 어느 회차에서는 성심성의껏 장만한 다과와 음료수를 대접받고 면장이 직접 나와서 환영사와 함께 격려를 마다하지 않았다. 하지만 이번에는 아무도 나오지 않았다. 그래도 우리 일행은 화장실도 들를 겸 휴식을 취하기 위해 면사무소에 들렀는데, 면 직원들이 일행 모두에게 드링크제를 하나씩 나누어 주셨다. 그 무엇보다 값진 청량제를 받고 고맙다는 인사를 건넸다.

특히 이곳 용궁면에서 인상 깊은 것은 이곳 특산품 중 이곳 지명이 갖는 전설을 이용하여 개발한 '용궁토끼간빵'을 상품화한 것은 기발한 아이디어라 생각을 하면서 발걸음을 재촉해 풍년 휴게소에 이르니, 스텝으로 열성을 다하는 김월호 이사가 과일과 음료수를 준비해 기다리고 있었다. 갈증을 느끼던 차에 준비된 음식을 나누어 먹고 한참 휴식을 취하였더니 발걸음도 한결 가벼워졌다.

예천공군비행장의 긴 담장을 따라 지루한 길을 지나 다음 정착지인 유천면을 찾았다. 거기에는 면장을 비롯해 군(郡)에서 나온 담당자들이 우리를 기다리고 있다가 멋진 환영식도 열어 주었다. 특히 예천군수께서 보낸 선물과 기념품을 가지고 와서 우리에게 전달해 주었다. 고마운 마음을 간직한 채, 오후 2시라 허기를 채우기 위해 면사무소에서 약 1km 떨어져 있는 곳에 예약해 둔 송어횟집에서 때늦은 점심을 먹었다. 식사 후 1시간 30분 정도 남짓 걷자 흥겨운 농악 소리가 들려왔다. 예천군청에서 우리를 맞이하기 위해 보내온 환영단이었다. 멋지게 차려입은 농악대들이 만장기를 들고 길목까지 나와서 우리를 인도해 군청사로 들어갔다. 예천군청은 멋진 기와집으로 새로 건축되어 있었다. 군청에 들어서니 김학동 군수님을 비롯한 직원들이 많이 나와 우리를 열렬히 환영하며 다과를 대접하는 등 격려해 주셨다. 환영식 후 30분 남짓 걸어 구 예천군청사에 도착해 오늘 일정을 마무리했다. 대연호텔에 여장을 풀고 저녁 식사 시간을 가졌다. 식당에서 오랜만에 멋진 여흥도 가졌다.

예천공군비행장의 긴 담장을 따라 지루한 길을 걷는 참가자들

예천군 용궁면사무소 앞에서의 단체 사진

예천군 농악대의 조선통신사 옛길 한·일 우정 걷기 환영 퍼레이드

조선통신사 옛길 한·일 우정 걷기 행사 참가자를 격려하는 김학동 예천군수(맨 우측)

예천군 관계자와 예천군 농악대와 함께한 기념 단체 사진

제7차 21세기 조선통신사 서울-동경 한·일 우정 걷기

11일 차 (4월 11일)

일정 : 예천에서 안동까지 35km

옛날 산적이 출몰하던 '백골고개(百我峴)'를 넘으며

  오늘이 4월 11일이라는 것을 뒤늦게야 알았다. 경복궁을 출발한 지가 엊그제 같은데 벌써 11일이나 지났다. 쏜살같이 흐르는 시간의 속도를 새삼 느끼며 다음 목적지인 안동시 웅부공원을 향해 걷기 시작했다.

  오늘은 우리 일행을 에스코트해 주시는 경찰 한 분이 우리들의 교통안전을 위해 최선을 다하는 모습을 보여주셨다. 그분은 우리보다 조선통신사들이 오간 길을 더 잘 알고 계셨고 이동 경로도 상세히 안내해 주셨다. 이런 경찰관이 계시다는 것은 우리들에게는 대단히 믿음직스럽고 매우 자랑스러운 일이다. 또 한편으로는 함께 걷는 대만인과·일본인들에게 한국 경찰의 새로운 모습을 보여줄 수 있어서 너

무나 고마웠다. 그분이 성실하게 책임을 다하는 모습을 보여주신 덕분에 안전하고 즐거운 마음으로 목적지에 도달할 수 있었다. 모두가 뜨거운 감사의 박수를 보냈다.

다만 우리를 불편하게 하는 건 화장실이었다. 농촌에는 공중화장실이 없는 곳이 많아 '자연 화장실'을 이용하게 되곤 한다. 우리에게는 흔히 있는 일이지만 외국의 낯선 길을 걷고 있는 외국인들에게는 고역이자 괴로운 일이다. 이것도 지나면 다 남다른 추억이 되겠거니 위로를 하면서 고된 길을 마저 걷게 된다.

오늘 코스로는 양궁 부문 올림픽 금메달리스트 김진호 선수를 기념하기 위해 세워진 '진호 양궁장'을 지나, 옛날에 산적(山賊)이 수시로 출몰하곤 해 백여 명이 함께 모여 넘었다는 백골고개(百我峴)를 넘었다. 풍산 읍내에 이르니, 옛 조선통신사가 쉬어갔다는 체화정(棣華亭)에 이르렀다. 이 체화정은 조선 시대의 이민적 형제가 학문을 닦은 곳이기

조선통신사 옛길 한·일 우정 걷기 일본 측 엔도회장에게 꽃다발을 선사하는 권영세 안동시장

안동 영가헌 문화재 앞에서 권영세 안동시장과 함께한 단체 사진

도 한 정자로. 영조 37년(1761)에 이민적(李敏迪·1702~1763) 진사가 학문을 연마하기 위해 건립한 조선 시대 체취를 물씬 풍기는 정자다.

그 바로 옆에 있는 식당에서 점심 식사하고 안동 교도소와 안동 자동차 매매센터를 지나 안동요양병원 앞에서 휴식을 취했다.

안동에서의 첫 식사 메뉴인 '안동찜닭'

[승차록]의 기록을 보면 안동도호부는 옛날 신라 때부터 큰 도시로, 남쪽의 숲과 강이 잘 어우러져 '명산여수(名山麗水)'라고 했고, 사행들도 때로 망호루에 올라 시를 읊조리기도 했다고 한다. 그러나 그 망호루는 어디에 있었는지 흔적조차 찾을 길 없구나

안동은 그러한 아름다운 자연을 배경으로 해, 예를 숭상하고 옛것을 옛것으로 간직하는 게 아니라, 옛것의 토대 위에 현대화를 추진해 온 아름다운 고장이다. 안동의 발전하는 모습에 일본 측 참가회원들은 놀라워하고, 대만에서 참가한 회원들은 아낌없는 찬사를 보냈다.

제7차 21세기 조선통신사 서울-동경 한일 우정 걷기
12일 차 (4월 12일)
일정 : 안동 문화유적답사일

숨 가쁘게 달려온 낙동강 물은
하회마을 감돌아 쉬어가네

오늘은 문화유적 답사에만 집중하는 날이다. 모처럼 여유로운 시간이기에 느즈막하게 8시에 일어나 아침 식사를 하고, 9시에 안동시청에서 제공한 버스에 올랐다. 일행을 실은 버스는 기와집으로 웅장하게 새로 지어진 경상북도 청사를 둘러본 후, 안동 하회마을로 향했다. 하회마을에서는 일본어에 능통한 해설사가 능수능란한 입담으로 마을 이모저모 설명했다. 해박한 지식을 재미있는 입담으로 풀어놓으니 참가자들을 쏙 홀려버려서 시간 가는 줄을 몰랐다. 그리고 안동시의 세심한 배려로 중국어를 하는 해설사도 동행하게 되어 대만산악회 회장을 비롯한 대만인 회원들이 감사의 인사를 했다. 사소한 친절이지만 이렇듯 자기가 맡은 곳에서 책임을 다하는 게 진정한 애국이요. 가장 멋진 민간외교가 아니겠는가 싶었다.

하회마을은 그 전체가 유네스코에 문화유산으로 등록된 마을이다. 임진왜란 당시 영의정을 지냈던 서애 유성룡 선생의 종가들이 대대로 600여 년 넘게 살아온 이곳은 유서 깊은 선비촌이다. 기와집과 초가집이 옹기종기 모여 있는 동네를 낙동강 물결이 에워싸고 돌아 흘러 '하회(河回)'라는 이름이 붙었음을 자연스럽게 깨달을 수 있었다. 강물은 숨 가쁘게 흘러오다 여기서 잠깐 쉬었다 가는 듯, 마을을 한 바퀴 휘감고 돌다가 다시 먼 곳으로 흘러간다. 그 물결이 마을을 더 풍요롭고, 아름답게 만들어 주었다. 1시간가량 마을을 둘러보고 우리는 안동 댐으로 가서 이 고장의 별미인 안동국시를 시식해보았다. 안동의 양반가가 귀한 손님을 대접할 때 낸다는 최고의 음식을 먹으면서 오늘의 일정을 마무리했다.

안동은 옛것을 비교적 많이 간직하고 있는 도시로, 우리가 21세기 조선통신사 서울-동경 한·일우정 걷기를 처음 시작할 때부터 많은 관심과 함께 지원과 협조를 아끼지 않은 지자체이다. 이번 7차 때도 전회차와 마찬가지로 안동시에서는 일본에서 파견 온 여직원을 동행하도록 해 일본인 참가자들에게 아무런 불편이 없도록 배려했을 뿐만 아니라, 올해 처음 참가한 대만 참가자들도 세심하게 배려해 중국어 문화해설사를 동행하게 해주었다. 외국에서 오신 분들이 한국문화를 이해하는 데 불편함이 없도록 큰 도움을 주셨다. 이렇듯 우리 일행이 문화유적답사를 하는데 많은 신경을 써 주시는 권영세 시장님을 비롯한 담당 직원과 관계자 여러분에게 그저 감사할 뿐이다.

안동 하회마을을 둘러보는 참가자들

제7차 21세기 조선통신사 서울-동경 한일 우정 걷기

13일차 (4월 13일)

일정 : 안동에서 의성까지

영호루(映湖樓) 올라
시 한 수 읊조리고 싶었건만

안동호텔에서 하룻밤 묵고 바로 앞에 있는 하림식당에서 뷔페식 아침 식사를 했다.

고려 개국 공신들인 세 개 성씨의 시조들(안동 권씨 시조 권행, 안동 김씨 시조 김선평, 안동 장씨 시조 장정필)을 모신 태사묘를 찾았으나 문이 잠기어 담 너머로 답사하는 것으로 만족해야 했다. 우리가 이곳을 찾은 이유는 옛 조선통신사 사행 중 이곳을 찾아 참배했다는 [사행록]의 기록이 있기 때문이다. 먼발치에서 답사를 마치고 출발지인 웅부공원(조선 시대 관아였던 자리)에 도착했다. 간단한 체조를 하고 8시에 오늘의 목적지인 의성을 향해 출발했다.

오늘 걷는 거리는 34km로 만만치 않은 거리다. 낙오자가 있을까 걱정하면서 발걸음을 재촉했다. 얼마 가지 않아 새길을 만드느라 횡단보도가 없는 위험한 길을 넘어야 했다. 그래도 경찰의 에스코트를 받으며 안전하게 건넜다.

지금의 영호루 근처에 도달했다(옛 영호루의 위치와 다르다). 옛 조선통신사들은 망호루(望湖樓)에 올라 시 한 수를 쓰고 읊었지만 우리는 바쁘다는 핑계로 쳐다만 보고 가자고 재촉하니 모두 고개를 끄덕였다.

영호루는 정약용이 1789년 8월 울산 부사인 아버지를 만나고 서울로 가는 길에 안동 영호루에 올라 유성룡을 추모한 '안동 영호루에 올라'라는 시를 통해 널리 알려졌다. 시 전문을 옮기면 아래와 같다.

13일 차 >> 안동동헌-의성군청 여정도

맑은 기운이 태백산 꼭대기에 머물고
튀고 나는 물은 이 누대 앞에 퍼져 쏟아지네.
바닷물과 산맥이 에워싼 우리 강토 삼천리
흥성한 예악 문물이 사백 년.

한·일 우정 걷기 참가자들

푸른 물 맑은 모래 분분하게 빛나고
높은 성 거대한 집이 빽빽하게 연이었네.
하회마을 고택은 어느 곳에 있는가,
시대가 멀어 쓸쓸히 한바탕 슬퍼하노라!

☞ 원문 '登安東映湖樓'([여유당전서] 시문집 제1권)

친절하고 극진히 환대해 주었던 안동시를 뒤로하고 횡단보도도 없는 고개를 넘어 안동 구리 측백나무 자생지역에 자리 잡은, 자연석을 있는 그대로 기묘하게 조성한 암산 터널에서 기념촬영을 하고 곧장 일직면으로 가서 '일직숯불갈비집'에서 갈비탕으로 점심을 해결했다.

일직숯불갈비집에서는 기이한 일이 생겼다. 우리 참가회원 중 재일교포인 김승남 씨가 6. 25전쟁 때 함께 싸웠던 옛 전우를 그 식당에서 우연히 만나게 된 것이다. 전우 되시는 분은 심지어 이 지역 출신도 아니고 제주도에서 건너오신 분이었다. 이렇게 각자 다른 사유로 타지에서 우연히 만나다니 이 우연이 얼마나 기적적이고 기쁜 일인가. 두 분 모두 팔순이 넘으셨는데도 아직 정정하신 모습으로 재회를 하게 되어 너무도 놀랍고 감격스러운 일이었다. 떨어지기 싫은 두 분을 안정시키며 다음 길을 재촉했다.

　오늘의 행운은 이것뿐만이 아니었다. 단촌면을 지나서 오후 4시 30분에 의성군청에 도착하니 깜짝 놀랄 일이 발생했다. 토요일은, 관공서가 모두 쉬는 날인데도 불구하고 김주수 의성군수님을 비롯한 많은 군 직원들이 우리를 기다리고 있다가 성대하게 환영해 주었다. 뜻밖의 환대에 너무나도 고마웠고 가슴이 뭉클했다. 특히 일본, 대만 회원들에게는 무척 감동적이었다.

자연석을 깎아서 뚫은 안동 암산 터널을 향해 걸어가는 참가자들

필자에게 환영 꽃다발을 증정하는 김주수 의성군수

휴일인데도 조선통신사 옛길 우정 걷기 참가자 환영행사를 여는 김주수 의성군수

제7차 21세기 조선통신사 서울-동경 한·일 우정 걷기
14일 차 (4월 14일)
일정 : 의성에서 의흥까지 26km

의성의 조문국과
일본 천황가(天皇家)와의 인연은

아침 뉴스를 보니 간만에 비가 내린다고 했다. 우산과 우비를 챙겨 배낭에 넣으니 등에 지게 된 무게가 꽤 무겁게 느껴졌다. 출발을 위해 7시 40분에 어제 도착하였던 의성군청에 도착하여 대만인 회원 라이의 인도로 체조를 하고 8시에 출발했다.

오늘 길은 보행로가 없어 위험한 곳이 많으나 그래도 농촌 특유의 풍광을 즐길 수 있는 곳이다. 안전을 위해 나와 주신 경찰이 최선을 다해 우리를 안전한 길로 이끌어 주었다. 감사한 마음뿐이다. 푸른 빛 들녘은 이곳이 '마늘의 고장' 의성임을 다시 일깨워 주는 듯 때때로 마늘의 독특한 냄새가 콧잔등을 한껏 자극하기도 했다.

어느덧 머나먼 옛날 삼한(三韓: 마한·진한·변한) 시대 초기에 존재

14일 차 >> 의성군청-의흥면사무소 여정도

했다는 조문국(召文國) 터가 있는 의성군 금성면 대리리에 도착했다. 조문국은 삼국시대보다 앞선 삼한 시대 초기의 부족국가로 알려져 있다. 그래서 그런지 의성군 일대에는 아직도 370여 기의 고분이 남아서 즐비하게 들어서 있다. 조문국이 무엇인지 알지도 못하는 우리들에게 재확인이라도 시켜주는 듯 곳곳에 조문국의 경덕왕능을 비롯하여 옛 왕릉 고분들이 많이 있었다. 이곳 향토사학자들이 책으로 낸 연구자료(召文國과 日本天皇家)에 의하면 조문국 왕족은 일본 황족과 깊은 인연이 있었다고 한다. 또한 유적지 주변에는 이곳이 문익점이 목화를 키운 경작지였음을 입증해주는 기념비도 세워져 있었다. 기념비에서 2km를 더 가면 국보 제77호인 신라 시대의 오층석탑이 있다. 이 석탑 때문에 마을 이름도 '탑리(塔里)'라고 한다. 발걸음을 재촉해 옛 청로역이 있었던 곳을 찾아서 갔는데 지금은 흔적조차 없었다. 표지석이라도 있었으면 좋았을 텐데 하는 안타까운 마음뿐이었다. 서운한 마음이 그지없었다.

조문국 표지석

조문국 유적을 살펴보는 우정 걷기 참가자들

조선통신사 옛길 한·일 우정 걷기 참가자들을 환대하는 군위군·의흥면 관계자들

아쉬움을 달래며 닿은 곳은 도로변에 있는 개일휴게소다. 거기서 모처럼 점심을 삼계탕으로 푸짐하게 먹었다. 인삼과 함께 잘 삶아진 닭고기 삼계탕을 먹자 힘이 새로 났다. 일본인·대만인·한국인 등 일행 모두가 맛있게 먹었다. 2차 기행 때는 필자의 친구가 이곳 군위군 경찰서장으로 재직할 때라 친구와 이곳에서 함께 길을 걸을 수 있어서 매우 즐거웠다. 그때의 추억을 되새기며 걷게 되니 그 길이 새삼 새로웠다.

군위군은 조선통신사 옛길 중 가장 전원적인 농촌의 모습을 간직한 곳이다. 이곳에는 '제2석굴암'이라 부르는 통일신라 시대의 석굴사원과 일연스님이 삼국유사를 저술한 '인각사'도 있다. 그런 유적이 있는 것으로 보아 옛날에는 이 주변에 큰 마을이 있었던 모양이다.

그러나 지금은 한적하고 풍요로운 마을들로 이어져 있다. 군위군에 들어서니 빗방울이 떨어지기 시작했다. 다들 부랴부랴 우비와 우산으로 중무장을 했으나 다행스럽게도 비는 오지 않았다. 도착지점을 3km 앞두고 서울에서 손명곤 부회장을 비롯한 응원단이 도착해 우리와 합류했다. 불어난 일행과 함께 도착지에 골인하니 의흥면사무소에서는 우리를 극진히 맞이해주셨다. 일요일인데도 불구하고 군위군 부군수님과 면장님 등 군 관계자들이 농악대를 앞세워 반겨 주었다. 간단한 환영식을 마치고 의흥면 일대에서는 묵을 숙소가 마땅치 않아 우리는 영천시에서 제공한 버스를 타고 영천 킹모텔에 여장을 풀고 저녁을 겸한 연회를 가졌다. 이때 영천 조선통신사 사업회 회장님을 비롯한 회원들이 나와 환영해 주었다.

영천 조선통신사 사업회 회장단 및 회원들과 저녁 만찬을 함께한 후 손에 손을 잡고 합창하며 우정을 다지는 참가자들

제7차 21세기 조선통신사 서울-동경 한·일 우정 걷기
15일 차 (4월 15일)
일정 : 의흥에서 영천까지 22km

1만 명 운집했다는
조양각 전별연의 아쉬움이

원래는 의흥면사무소에서 영천 조양각까지 걸어야 하나 영천시와 협의 과정에서 신령에서 행사 하나를 하고 영천까지 걷기로 했다.

그러나 사정상 행렬재현과 마상재(馬上才) 및 전별연 공연을 못 하게 되었다. 옛 기록에 의하면 경상감사가 임금을 대신해 이곳 조양각(朝陽閣)에서 마상재 등 전별연을 열 때는 10,000여 명이나 운집했다는 기록이 있다. 과거를 기록대로 다시 현재에 재현해 볼 기회였는데 아쉽게도 성사되지 못했다.

참고로 '마상재(馬上才)'는 말을 타고 다양한 기술을 선보이는 사람이나 기예를 의미한다. 이 마상재는 '무예도보통지(武藝圖譜通志)'에도 수록돼있는 조선 무예 24가지 기예 중 하나다. 이곳에서의 마상재는

400여 년 전인 1607년부터 1811년까지 200여 년 동안 조선통신사가 이 일대에 머무는 동안 조양각 맞은편 금호강 변에서 펼쳐져 일대 장관을 이루는 이 행사를 구경하려는 관람객들과 장사꾼들로 인산인해를 이뤘다고 한다.

오늘의 도착지인 조양각은 처음 고려 공민왕 17년(1368년)에 당시 부사 이용(李容)이 창건했다. 창건 당시에는 명원루(明遠樓)라 불렀다. 임진왜란 때 소실되었는데 조선 후기 인조 15년(1637년)에 영천 군수 한덕급이 중창(重創·낡은 건물을 헐거나 다시 고쳐서 지음)했다.

우리 일행은 영천 시내에서 숙박하고 버스를 타고 신령중학교로 되돌아와서 09시에 출발했다.

2015년 '대한민국 문화의 달'을 기념해 영천시 신녕 읍내의 옛 찰방(察訪 · 갈 관리 관료) 사무소와 말에게 물을 먹이던 우물 등을 발굴해 조성한 '비천대마(飛天大馬 · 역동과 패기가 넘치는 말이 하늘로 끝없이 질주한다는 뜻)' 문화공간을 둘러봤다. 이곳에서 조선통신사 행렬도를 그린 벽화, 말에게 물을 먹였던 우물 등의 옛 조선통신사의 정기가 깃든 여러 시설을 둘러보았다.

그 후 신령초등학교 옆 개울 위에 있는 환벽정에 찾아가서 해설사의 설명을 들으며 옛 정취에 젖어 들었다. 경상북도 영천시 신녕면 화성리 732-1에 자리 잡은 환벽정(環碧亭)은 1516년(중종 11)에 당시 현감(縣監) 이고(李考)가 창건하고 비벽정(斐碧亭)이라 명명한 정자다. 이후 이곳에 부임해온 현감들에 의해 지속적인 중수와 중건이 진행되면서 '환벽정'이라 불렀다. 16세기 당시 현감 이고의 아들이 회재(晦齋) 이언적을 좋아해 같이 이곳에서 유유자적하면서 서로 화합했다는 기록도 전해진다.

통신사 옛길을 따라 걷다 보니 여전히 자연 그대로의 모습을 간직한 곳도 있다. 바로 이 구간도 그러한 정취를 느끼게 한다. 산비탈 들녘에 핀 복숭아꽃 · 살구꽃 · 개나리 · 흰 배꽃 등이 흐드러지게 피어 있는 풍광은 한 폭의 풍경화를 보는 듯했다.

걷던 중 가래실마을에 들렀다. 이곳은 마치 꽃 대궐 같았다. 동요 '고향의 봄' 가사에 나오는 꽃들이 아름다운 산어귀를 돌아 들판 가운데 옹기종기 모여 있었다. 마을 농민들이 해 주신 '들밥'을 먹고 나니

영천시장에게 기념 티셔츠를 증정하는 필자

시장기 있는 나그네들에게는 꿀맛이 따로 없었다. 한 그릇을 뚝딱 해치우고 걸으니 신바람이 절로 났다. 마냥 초등학교 때 소풍가는 기분이었다. 그래서인지 다들 아이의 기분이 되어 목구멍에서 절로 나오는 노래를 부르면서 걸었다. '고향의 봄' 등등 3개국 사람들이 하모니를 맞춰 부르는 노랫소리가 산 계곡의 산들바람을 타고 멀리멀리 메아리쳐 갔다. 때마침 서울서 '조선통신사 현창회' 황제하 회장님과 신경식 사무국장님이 응원차 오셔서 합류했다. 정말 고마운 일이었다. 목표지점을 향해 걷는 도중 손명곤 부회장의 친구와 선배도 와서 동행하게 되어 이 또한 기쁜 일이고 큰 격려와 성원이 되었다.

저녁에는 영천시장님이 우리를 초대해 격려와 환영의 자리를 마련해주었다. 6차 행사 때 걷기 기행 때 조양각 앞 화단에 기념 식수를 했다. 그동안 나무가 잘 자라고 있는지 궁금하여 도착하자마자 확인했더니 무성하게 잘 자라고 있었다. 이날 우리 일행은 26km를 걸었다.

조선통신사 옛길 한·일 우정 걷기 참가자들을 열렬히 환영하는 영천시 신령농악대

환벽정 앞에서의 단체 사진 / 조양각 앞에서의 단체 사진

영천시 신령 읍내 '비천대마(飛天大馬)' 앞에서 농악대와의 단체 사진

제7차 21세기 조선통신사 서울–동경 한일 우정 걷기
16일 차 (4월 16일)
일정 : 영천에서 경주까지 38km

백릿길 걸어
신라 천년 고도 경주에 입성

　오늘은 영천서 경주까지 38km를 걷는다. 이번 일정 중 가장 많이 걸어야 하는 길 중 하나이자, 고비 중 하나다. 이 많은 인원이 한 명도 다치지 않고 목표지점에 골인할 수 있도록 하려면 정신을 바짝 차려야겠단 생각이 들었다. 아침부터 적당히 긴장감 어린 각오를 다지면서 숙소를 나섰다. 7시에 아침을 먹고 40분까지 바로 옆에 있는 조양각에 모여 간단한 체조를 한 뒤 08시에 출발했다. 떠나면서 달과 함께 본 조양각은 지금도 주변 경치와 어우러져 기막힌 장소라는 생각이 들었다. 옛날 자연에 둘러싸여 있을 적에는 더욱더 아름다운 풍광이었을 것이라 생각을 하면서 길을 떠났다.
　걸어가던 중에 횡단보도가 보이지 않아서 로터리를 공연히 한 바퀴

도는 우를 범했다.

그러나 38km라는 긴 여정이라 모두가 마음가짐을 단단히 다졌는지 빠른 속도로 걷는데도 인원 모두가 잘 따라 주었다. 영천을 벗어날 즈음 4번 국도 옆 농로를 따라 걷다가 북안면 행정복지센터에서 휴식을 취했다. 그 뒤 만불사 앞을 지나는데 웬 승용차가 우리를 추월해 지나다가 우리 앞에 멈췄다. 낯선 신사 한 분이 차에서 내려서 우리들에게 다가와서 인사를 나누고 보니 주호영 국회의원이었다. 의원은 우리에게 "일본 동경까지 가느냐?"고 묻더니 "훌륭한 일을 하신다"라면서 "도움이 필요하면 연락해 달라"고 명함을 건네주고 가셨다. 말로만 하는 얘기든 어떻든 우리 여정의 진가를 알아주다니 고무적인 일이었다.

언덕고개를 넘자 경주시 아화리가 나왔다. 도로변에 있는 애기지휴게소에서 쉬고 있는데, 경주경찰서 소속 경찰 차량이 영천 경찰에스코드차량과 교대하여 우리 일행을 다음지역까지 에스코트해 주러 왔다. 두 차량은 교대로 우리 일행을 보호해 준 뒤 영천소속 경찰관은 우리들에게 모두 사고 없이 동경에 도착하라는 격려와 응원의 인사를 하고 떠났다. 우리 일행은 새로 온 경찰의 에스코트를 받으며 1.5km 더 걸어서 아화에서 점심 식사했다. 식사 후 우리는 내서로를 따라 곧장 무열왕릉 쪽을 향했는데 보행로도 제대로 확보도 되지 않은 도로라 바로 옆에서 차가 시끄럽게 질주하면서, 내뿜는 독한 매연 냄새 때문에 걷기가 힘들고 지루한 곳이었다. 모량을 지나 지루한 4번 국도를 따라 걷노라면 소태고개에 이르게 되고, 소태고개를 넘으면 경주가 보인다. 이어 태종무열왕릉에 도달할 즈음에 일행 모두 탈진 상태가 되었다. 누군가가 기억을 더듬어 5차 때 여기 무열왕릉을 지날 때 갑작스럽게 세찬 바람과 비가 와서 혼이 났던 이야기를 해 주었다. 필자도 그때 생각이 났는데, 10분도 안 되어 비바람을 동반한 소낙비가 내리는 바람에 우산도 다 날려버리고 온몸이 다 젖었던 기억이 새록새록 났다.

   길을 계속 걷는다는 것은 참 신기한 일이다. 한동안 뇌리 안에서 잊고 있던 옛 기억도 그 시절 걷던 장소에 도착하면 자연스레 떠오른다. 이처럼 길은 사람과 사람을 만나게 하고, 과거와 현재를 이어주기도 하며, 새로운 문화를 전달하는 통로의 역할을 하고 있다. 길은 우리가 간과해온 그러한 역사의 사연을 오롯이 품고 있다. 아울러 길에는 각양각색의 애환이 서려 있고, 우리들의 삶이 녹아 있고, 마음을 치유하는 자연의 치유력이 깃들어 있다. 그런가 하면 깨달음으로 인도하는 도(道)도 우리가 걷는 길 위에는 있다.

그래서 종교인들은 구도의 길을 걸으며, 대자연의 학습장에서 자연과 내가 둘이 아님을 깨닫고, 함께 하는 법을 배운다. 그곳에서 삶의 지혜를 터득하기도 한다.

우리 또한 지금 이 고생스러운 길을 걸으면서, 선조들을 생각하고, 나의 존재의미를 생각하며, 우리는 왜 걷고 있는가를 다시 곰곰이 생각하게 된다.

나는 걷는다
나의 길을 걷는다
캄캄한 어둠을 헤치고
희미한 오솔길을 따라 걷는다.
누구나 다 가야 하는 길이지만
나에게는 두렵고 험한 고난의 길이다.
그러나 나는 가야 한다.
가지 않으면 나 자신 속에 숨겨져 있는
진정한 나를 발견할 수가 없다.
그래서 나는 걸어야 하고
나 자신 속에 있는 진정한 나를 만나야 한다.
그래야만 내가 태어난 존재의 가치와
삶의 의미를 음미할 수 있기 때문이다.

이즈음에서 옛 조선통신사 사행들은 삼국을 통일한 김유신(김각간) 장군 묘소를 참배하고 갔으나 우리 일행은 장군 묘소가 있는 서악을 좌로하고 대능원 앞에서 옛 남문을 통해 옛날 객사가 있는 동경관 쪽, 오늘의 도착지인 경주문화원에 다다랐다.

　그런데 이게 웬일인가. 약속과는 달리 아무도 반기는 이도 기다리는 사람도 없다. 잠시 참담한 생각이 들었다. 그런데 알고 보니 환영 준비를 한 농악대가 우리와 다른 위치에서 기다리고 있었다. 경주문화원 원장님이 성대한 환영식장을 마련해 우리를 맞이해주셨다. 문화원 원장님의 환영 인사는 정말 좋은 인사말이었으나 언어의 장벽으로 일행 모두가 알아들을 수가 없어서 아쉬웠다. 좋은 말뜻을 있는 그대로 통역해 전해줄 수 없음에 안타까움이 더 했다. 그래도 농악대의 흥겨운 악기 소리는 통역 없이도 누구나 즐길 수 있었다. 일행 모두가 우리 얼이 담긴 가락의 흥에 몸을 맡기며 장시간 걸은 피로를 잊게 해주었다. 한바탕 놀이가 끝난 후 문화원에서 준비한 초대 만찬을 즐기면서 원장님께서 불러 주신 구성진 노랫가락에 놀라지 않을 수가 없었다. 우리는 다 함께 아리랑을 합창하면서 3국이 우정을 다지고 오늘 헤어짐의 아쉬움도 달랬다. 모두 감사한 마음으로 오늘을 마감하며 서울서 내려온 응원팀들도 모두 밤늦게 귀가했다. 그날 밤 10시에 대만인 4명과 일본인 1명이 합류했다.

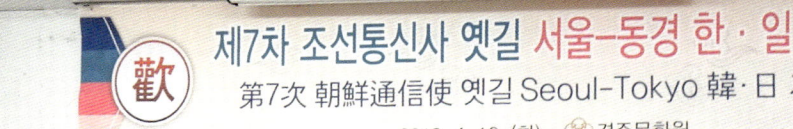

'제7차 조선통신사 한·일 우정 걷기' 격려 플래카드를 든 한국체육진흥회 경주지부 회원들과 함께

경주 동헌 앞에서 경주 도착 기념 단체 사진

제7차 조선통신사 한·일 우정 걷기' 참가자들의 경주 도착을 환영하는 경주 농악대

경주문화원장이 초대한 환영 만찬장에서 흥겨움을 만끽하는 한·일 양국 참가자들

제7차 21세기 조선통신사 서울-동경 한·일 우정 걷기

17일 차 (4월 17일)

일정 : 경주 문화유적답사

일본 무장 '사야카', 그는 왜 조선인 '김충선'이 되었을까?

오늘은 문화유적답사 일이다. 이 행사의 초창기에는 불국사나 석굴암, 골굴암 등 경주의 여러 문화재를 견학했으나 오늘은 행사 본연의 목적에 충실한 곳을 가기로 했다.

아침 7시에 경주 팔우정 로터리에서 경주의 별미인 콩나물 해장국을 먹었다. 영천에서 보내준 버스를 타고 08시에 김충선 기념관에 갔다. 김충선은 임진왜란 때 일본군으로 참전했으나 침략의 부당성을 스스로 인정하고 조선으로 귀화한 일본 출신 장군이다. 일본에 있을 시절 그는 도요토미 히데요시(豊臣秀吉)의 부하 장군 사야카였다. 21세의 나이로 가토 기요마사(加藤淸正)의 선봉장으로 임명된 그는 1592년 4월 13일에 3천 명의 병력을 이끌고 부산에 상륙했다. 그러나 그는 전쟁준비는커녕 아무것도 모르고 있는 조선의 농민들을 보고 침략의 부당성을 알게 되어, 동래에 도착한 지 일주일 만에 조선에 귀순했다. 4월 20일 경상좌우병사인 김응서, 박진에게 몰래 보낸 글에 그가 귀순하게 된 동기가 잘 나와 있다.

"내가 비겁하고 못난 것도 아니요, 나의 군대가 약한 것도 아니다. 그러나 조선은 문물이 일본에 앞서있고 학문과 도덕을 숭상하는 나라이다. 이러한 군자의 나라를 짓밟을 수 없어 귀순하고 싶다."

조선의 학문과 예의 그리고 찬란한 문물을 흠모하며, 명분 없이 이러한 나라를 침략하는 것은 야만적 행위라 생각하기 때문에 귀화한다는 뜻이었다. 사야카는 화약과 조총을 만드는 기술이 있어 그 후 무기제조 기술을 전수하는 데 크게 이바지했다고 한다. 한 기록에 의하면 이순신 장군과도 서신을 교환해 무기제조나 조총 공격에 능숙한 자들을 장군에게 보내기도 했다고 한다. 그는 전란 중의 공로를 인정받아 김해김씨 성을 하사받아 김충선이 되었고, 전후에도 조선인으로서 살다가 조선에서 여생을 마쳤다. 그의 후손은 지금도 대구 달성군 가창면 우록마을에 살고 있다.

기념관을 다 살펴본 뒤 영천 한의 마을로 갔다. 이 마을은 영천시에서 한의를 테마로 꾸민 휴양 겸 관광문화 공간이다. 명의(名醫) 기념관이나 한옥체험관 같은 전시체험 시설뿐만 아니라 약선음식관·카페테리아·한의원 등 부대시설에 한의 연못과 정원, 약초재배원 같은 테마 시설도 대규모로 꾸며 놓아 여러모로 알찬 내용의 시설들이 많았다. 여행자의 눈으로 찬찬히 둘러보고 지나갔다.

영천 향교 명륜당에서 옛 조선통신사 삼사역 관복을 입고 망궐례 준비를 하는 참가자 대표들

 이어서 오늘 일정의 하이라이트, 영천 향교 명륜당(明倫堂)에서의 망궐례 체험을 했다. '망궐례'는 왕을 직접 배알하지 못할 때 임금이 계신 곳을 향해 절을 하는 예식을 말한다. 옛 전통의식도 몸소 해 보고 정몽주 선생을 모신 임오서원도 둘러보면서 일본·대만 참가자들뿐만 아니라 한국 참가자들에게도 우리의 독특한 옛 문화를 체험해 보는 유익한 시간을 보냈다.
 저녁에는 경주의 별미를 맛보기 위해 경주 쌈밥집에서 저녁 만찬을 했다. 이곳은 올 때마다 이전 회차에 있었던 인상 깊은 에피소드를 떠오르게 했다. 제5차 조선통신사 서울—동경 한·일 우정 걷기 때의 일이다. 그날은 갑작스러운 비바람을 맞는 바람에 일행들이 모두 옷이 젖어 있었다. 몸도 젖어 유독 피곤하겠다는 생각이 들어서 나는 먼저 온 일본 참가자들에게 방에 들어가서 쉬라고 했는데, 다들 내 말을 듣지 않고 무슨 연유에서인지 계속 밖에 서 있었다. 내 말을 못 알아들었나 싶어서 몇 번을 말해도 허수아비처럼 바깥에 우두커니 서 있기만 했다. 그런데 그 자리에 없었던 엔도 회장이 뒤늦게 도착해 방에 들자 기다리던 사람들이 그 뒤를 따라 방에 들어가는 게 아닌가. 알고 보니 엔도 회장이 일행의 리더니까, 그가 오기 전에는 방에 들어갈 수 없다고 일본인 모두가 똑같이 생각했던 모양이었다. 일본인들이 소속된 조직에 보이는 충성심과 리더를 향한 복종심을 뜻밖에도 볼 수 있었던 일화다. 이런 식으로 보이는 문화 차이 앞에서 나도 모르게 당황하기도 하고, 신기하다며 살포시 웃기도 했다. 오늘따라 그 생각이 더욱 선명하게 떠올랐다.

조선으로 귀화한 일본장수 김충선(金忠善)의 위패를 봉안하는, 대구시 달성군의 녹동서원(鹿洞書院)

영천 향교에서 망궐례를 체험하는 참가자들

영천 향교 명륜당에서의 망궐례 이후 기념 단체 사진

망궐례 체험 후 이어진 다과회

영천 향교 옆의 오래된 은행나무 고목

제7차 21세기 조선통신사 서울–동경 한·일 우정 걷기
18일 차 (4월 18일)
일정 : 경주문화원에서 옛 구어역까지 24km

천년 흔적 간직한 신라의 흙냄새가 코끝을 간질어

조선통신사 종사관 서기였던 김인겸의 [일동장유가(日東壯遊歌)]가 있다. 이는 4음보 1행을 기준으로 모두 4,200행이 넘는 장편 기행가사다. 김인겸의 비판의식 · 위트 · 해학에다가 조선통신사 노정에 대한 정확한 기록과 상세한 주변 자연환경의 묘사 등이 돋보여 빼어난 기행문의 전형이다. 이 가사에는 당시 시대정신을 근간으로 한 문명 비평적 시각이 잘 나타나 있어서 오늘날에 읽어도 손색이 없을 정도다.

이 [일동장유가] 기록을 살펴보면 제11차 조선통신사는 경주 동헌을 출발해 구어에서 점심을 먹고 울산좌병영을 지나 울산동헌에 도착했다고 한다. 우리는 6차 때 코스를 근거로 해 교통위험 지역을 피해 걸었다. 오늘은 미리 사전답사를 다녀온 이재희 회원이 리더를 맡았

다. 회원은 고증된 옛길과 가장 근접하고 안전한 길로 우리를 이끌어 주었다.

　7시 30분에 출발지 인근의 추어탕 집에서 아침 식사를 하고 8시에 경주문화원 앞에서 출발했다. 관아의 남쪽 즉 관아의 정문이었던 곳으로 향해 천마총 담길 따라 우회해 대능원 정문을 지나 신라 시대 천문대 역할을 한 첨성대에 도착했다. 그곳에서 설명과 함께 기념사진

경주 천마총 담벼락 옆으로 난 길을 걷는 참가자들

을 찍고, 천년고도의 흔적을 더듬으며 석빙고와 경주국립박물관을 돌아 '환경연구원' 앞의 아름다운 숲길을 따라 걸어서 통일전으로 향했다. 봄기운이 완연해 새싹은 파릇파릇 돋고, 천년의 흔적을 고이고이 간직해 둔 신라의 흙냄새가 코끝을 간질었다. 우리 일행은 시 외곽의 논밭과 산 사이의 경계지역을 가로지르는 한적한 길을 걸으니, 평온한 마음이 한량없어 상쾌한 기분에 콧노래가 절로 났다.

통일전광장에 이르러 간식을 먹으며 쉬는 시간을 갖기로 했다. 경주지회 김원태 회장님을 비롯한 경주 회원들이 떡과 두유를 사 주셔서 다 함께 나누어 먹으며 휴식을 취했다. 휴식을 취하며 내다본 경주

경주 시내 한 중국집에서의 저녁 만찬

는 아름답고 평온했다. 뒤로는 토함산이, 앞으로는 남산, '천년 전 이 땅은 신라의 서라벌이었겠거니'라고 생각하니 어느덧 옛 신라인이 되어 그 자리에 앉아 있는 기분이 들었다.

경주 지역 회원들은 돌아가고 우리는 경주~울산 국도와 병행하는 논길을 따라 계속 걸었다. 3층 석탑이 있는 자리가 옛 조역이 있는 곳이다. 거기서 조금 쉬었다가 남천 둑길을 따라가다가 남천을 건넜다. 이어서 우리 일행 60여 명은 영지초등학교를 통과해 옛날 구어역이 있었던 오일뱅크 주유소에 모두 도착해 오늘 일정을 마무리했다.

걷기가 끝난 후 외동 읍내에서 점심을 먹었는데 식사가 좋지 않아 일행들이 이에 대해 불평이 심했다. 몸이 힘들고 지치면 누구나 불평하기 마련이지만 이번 기행에서는 처음 있는 일이라 매우 당황스러웠다.

오늘은 박홍규 회장을 비롯한 부산 한·일친선협회 회원들 12명도 동참하였다. 이들은 오늘 부산으로 돌아갔다가 내일 합류하기로 했다. 오늘은 숙소가 마땅하지 않아 경주로 되돌아가서 어제 잤던 모텔에서 숙박하기로 했다. 숙소로 돌아가 샤워를 하고 경주 시내에 있는 중국식당에서 만찬 파티를 열어, 그동안의 피로를 해소하고 우정을 다졌다.

숲길을 걷는 걷기 행렬 기수 마츠다 다카시 상

경주 첨성대를 배경으로 한 단체 사진

제7차 21세기 조선통신사 서울-동경 한일우정 걷기
19일 차 (4월 19일)
일정 : 외동에서 울산까지 27km

울산의 처용무와
학춤에 반해

엊그제 밤 숙소 때문에 온 길을 되돌아 왔으니 시간을 만회 하기위하여 평소보다 일찍 하루를 시작하기로 했다. 6시 30분에 호텔을 나와 팔우정 로터리에 있는 콩나물 국밥집에서 따뜻한 국물로 뱃속을 데우고 600번 버스에 몸을 실으니 다들 잠이 부족하여 이내 졸기 시작했다. 가까스로 잠에서 깨어 오늘의 출발지인 입실초등학교에 도착하니 울산지부의 배성동 지회장이 기다리고 있었다. 부지런하게도 아침 7시부터 기다리고 있었다고 했다. 아울러 이예 선생의 후손과 어제에 이어 오늘도 리더를 해 줄 이재희 회원, 그리고 심충식 님도 와 있었다. 우리는 대개 도착지와 출발지가 동일한 장소로 계획을 짜는데, 오늘은 그 규칙을 따르지 않았다. 일일 참가자들이 찾아오기 쉽도록

19일 차 >> 구어-울산부동헌 여정도

배려하기 위해서였다.

어쨌든 오늘 코스는 자동차가 많이 다니는 길인 데다, 공장지대를 지나기 때문에 도로에 덤프트럭들도 많아서 다소 위험한 지역이었다. 그래도 늘 우리와 동행하며 안전을 지켜주는 경찰 때문에 마음이 든든하여 항상 감사한 마음뿐이다.

산을 넘어 만석골저수지를 지나 점심을 먹을 장소에 도착했다. 그런데 이명훈 교수와 배성동 회장이 만석골까지 나와 기다리고 계셨다. 거기에 울산북구청 청장님과 구의장님도 우리의 소식을 우연히 들으셨는지 우리가 중식을 하는 장소까지 몸소 찾아와 격려와 환영의 인사말을 건네셨다. 예기치 못한 응원과 성원을 보내 주셔서 많이 놀라기도 했지만 고마운 마음도 컸다. 그 고마웠던 마음을 이 기록에 남겨 오래도록 남기고자 한다.

울산병영을 거쳐 오늘의 도착지인 울산 동헌에 도착했다.

그런데 도착의 기쁨도 느끼기 전에 잠깐이나마 당황스러운 일이 있었다. 일행 중 대만산악회 회장님이 보이지 않았다. 우선 경찰에 신고부터 먼저하고 부랴부랴 한 시간여 동안 이명훈교수와 함께 찾았으나 허탕을 치고 회장님의 소식은 묘연하기만 했다. 실종이라니, 사상 초유의 사태라 어찌할 바를 모르고 있는데, 그때 스타렉스로 우리를 지원하는 김월호 이사한테서 전화가 왔다. 지금 경찰에서 자기에게 연락이 왔는데 대만산악회 회장이 울산남부경찰서에 있다고 했다. 안도의 한숨을 내쉬는 한편 바로 다른 걱정거리가 생겼다. 우리도 경찰에 신고를 해두었는데 연락이 왜 김 이사에게 먼저 간 것일까. 길을 잃어 방황하다 교통법규를 위반해 경찰서로 연행된 것이 아닌가 싶어서 경찰서에 연락하여 차차 정황을 들어보니 우리가 추측한 것과는 달랐다. 조금은 황당한 이야기이지만, 뜻밖의 이야기를 듣게 되었다. 알고 보니 울산남부경찰서 외사계 형사께서 우리 단체가 이전 회차에 기행을 할 때 우리가 움직이는 동선을 조사해 뒀다고 한다. 그 때문에 형사가 당시 스탭이었던 김월호 이사의 연락처를 확보하고 있어서 대만산악회 회장님이 우리 팀과 연관이 있을 것이라고 여기고는, 바로 김월호 이사에게 전화를 하여 확인했다고 한다. 그 형사님의 기지에 놀라는 한편 우리 단체를 기억해 두신 것에 반갑기도 했다. 대만산악회 회장님을 모시러 경찰서로 방문하여 감사의 인사를 드린 뒤, 오늘 저녁 회식 장소인 식당으로 향했다.

그사이 다른 회원들은 울산지부와 충숙공 이예 선생의 기념사업회에서 마련한 환영 공연을 관람했다. 태화강 변에 있는 태화루에 둘러앉아 처용무와 학춤 등을 추는 성대한 공연을 관람했다. "너무도 멋진 공연이었다. 보기 쉽지 않은 공연을 이 기회에 만끽할 수 있었다"면서 일본·대만 참가자를 비롯한 한국 참가자들이 저마다 큰 감명을 받았는지 이구동성으로 감사하다고 필자에게 인사를 하였다.

참고로 이곳 울산 출신의 충숙공 이예(李藝) 선생은 '조선 최초의 통신사(왕의 대외 특사)'이다. 조선 초기 40여 차례 일본을 오가며 660여 명의 포로를 귀환시키는 업적을 남기는 등 조·일 최초의 외교 협약을 체결하는 데 혁혁한 공을 세운 분이다. 이러한 충숙공 이예 선생에 대한 이누이 히로아키 감독·윤태영 주연의 영화도 2012년에 상영돼 큰 반향을 일으켰다. 그는 외교적 담판으로 국토를 되찾아온 고려 시대 서희 선생과 함께 우리나라 외교사의 양대 산맥으로 일컬어진다. 1426년에는 세종이 54세의 이예를 일본에 보내며 "일본을 모르는 사람은 보낼 수 없어 그대를 보내는 것이니 귀찮다고 생각지 말라"라며 손수 갓과 신을 하사했다고 하는 내용이 조선왕조실록에 실려 있다. (이예 선생에 대한 보다 상세한 내용은 다음 날 관련 부문에 상술)

만석골을 넘고 있는 참가자들

울산 만석골에 도착한 참가자들

조선 최초의 통신사로 맹활약을 한 이예 선생의 후손인 이명훈 교수가 인사말을 하고 있다

울산 태화루 앞에서 우정 걷기 참가자들을 환영하는 울산시 관계자들

태화루에서의 처용무 등의 환영 공연 후 공연 출연자들과 함께 울산지회 엔도 야스오 회장(맨 우측)과 일본 측 임원단 기념사진

태화루에서의 처용무 등의 성대한 공연

제7차 21세기 조선통신사 서울–동경 한일 우정 걷기
20일 차 (4월 20일)
일정 : 울산 동헌에서 양산 덕계까지 29km

조선조 향리 '대일 외교관' 이예 선생 후손 환대 감사

출발지인 동헌에 도착해 매일같이 해 오던 체조를 하며 몸을 풀었다. 조금 있으니 이예선생의 후손인 이명훈 교수와 함께 북구문화원 원장이 오셨다. 문화원에서는 취타대와 무용팀을 준비해 일종의 전별식을 베풀어 주었다. 옛 조선통신사 사행들은 대부분 용당창에서 숙박을 하고, 동래부에서 교리들이 용당창까지 마중을 나와 선도해 가곤 했다. 동헌에서 출발하기 때문에 그런 세부사항까지는 그대로 따라 할 수 없었지만, 옛 사행들이 길을 떠날 때처럼 그 겉모습을 재현해 보는 데에 의미가 있었다. 우리는 8시 20분에 취타대를 앞세우고 나팔 소리의 리듬에 따라 발맞추어 태화루까지 행진했다. 출근 시간이라 연도의 사람들이 많이들 나와 환호해 주었다.

20일 차 >> 울산부동헌-덕계동주민센터 여정도

　점심시간이 다될 무렵 울산 출신 조선의 최초 통신사 충숙공(忠肅公) 이예(李藝·1373~1445) 선생의 용연서원(龍淵書院) 사당을 참배하기로 했다. 이예 선생은 조선 초기 향리이자 그 당시 대일외교를 주도한 인물 중 한 분이다. 그는 조선 역사상 일본을 가장 많이 왕래한 조선 최고의 외교관이었다. 태종·세종대왕 당시 통신사로 활약하면서 대일외교와 양국 문화 교류에 큰 업적을 세웠다. [조선왕조실록]을 살펴보면 그는 일본·대마도·유구국에 40여 회 파견돼 667명의 조선인 포로를 송환시켰고, 일본인의 조선 입국 허가와 조·일 교역조건을 규정한 '계해약조'를 정약하는 등 괄목할 외교적 업적을 남겼다. 조선 초 일본과의 조약을 체결시켜 왜구 침입을 눈에 띄게 줄어들게 하는 데 큰 역할을 했다.

충숙공은 오늘 함께하는 이명훈 교수의 선조이시기도 하다. 사당에 참배하고 그 후손들이 정성스레 마련한 점심을 먹으며 한·일 교류의 옛길에 굵직한 발자국을 남긴 분을 기리는 시간을 가졌다.

양산 덕계에 도착하니 시간이 너무 늦어서, 숙소까지만 걷기로 하고 이동 거리를 조절했다. 오늘 석계서원을 참배하기 위해 3km를 더 걸었을 뿐만 아니라, 내일이 조선통신사 한국 구간에서의 마지막 일정이기 때문이다. 오늘 저녁에 그간의 기행을 되돌아보는 평가회도 가지고 전야제를 할 시간이 필요했다. 18시 30분부터 그동안 숨겨진 사연들을 주고받으며 뜻깊은 시간을 보냈다. 하지만 내일을 위해 일찍 잠자리로 발걸음을 옮겨야 했다.

그러나 오랜만에 취기가 오른 회원들은 목청을 높여 아리랑을 불렀다. 내일이면 오랜 시간 함께 동고동락하며 걸어온 사람들과의 아쉬운 작별을 해야 하는 까닭이었다. 술기운에 감정이 풍부해지니 지나온 여정들이 한결 그립게 뇌리를 스쳐 지나가면서 가슴을 요동치게 했다. 그동안 고생하면서 맺은 수많은 정감, 그리고 걸어온 여정들의 순간순간에 대해 찬찬히 돌이켜 본다. 누가 뭐래도 가슴에 오래도록 남을 추억들이었다.

우정 걷기 출발 전 준비체조를 하는 참가자들

울산병영 앞에서 울산문화원이 펼친 취타대와 무용팀의 전별식 공연

울산병영에서의 전별 공연 후의 단체 사진

울산병영에서의 전별식 후 취타대와 드림팀의 환송 행진

조선 최초 통신사 충숙공 이예 선생의 고향 사당을 찾아 참배하는 참가자들

제7차 21세기 조선통신사 서울-동경 한·일 우정 걷기
21일 차 (4월 21일)
일정 : 덕계에서 동래까지

21일간 한국 구간 걷기 끝마치니 만감이 교차

 오늘은 한국 구간의 최종 목적지인 부산 동래 동헌에 도착하는 날이다. 가슴 설레는 마음으로 출발지인 구 덕계 주민센터, 즉 메가마트 덕계점 앞에 도착하니 부산 걷기 동호인들이 많이 오셨다. 간단한 출발식을 하고 박해용과 최을식 회원의 리드로 길을 나섰다. 역시 인원이 많아지니 걷는 속도가 느리고 화장실 문제 때문에 어려움이 배가 되어 애로사항이 이만저만이 아니었다. 본디 알고 있던 옛길로 가려 했으나 길에 자동차가 많아 백여 명을 인솔한다는 게 무리였다. 그래서 안전한 길로 우회했다. 그래도 이 길을 사전답사해 주신 박해용 님과 최을식 님의 노력이 큰 도움이 되었다. 이 지면을 통해 깊은 감사를 드리고 싶다.

21일 차 >> 덕계동주민센터-동래부동헌 여정도

　코스 중 금정구 두구동에 있는 홍법사(興法寺)를 지나는데, 웅장한 부처님의 좌상이 보였다. 우리가 걷는 정면으로 부처님이 우리를 반기는 듯 환한 모습으로 앉아 계셨다. 너그러운 얼굴 가득 엷은 미소를 짓고 있는 모습이 우리를 고요한 안식처로 안내하는 것 같았다. 홍법사 경내에 들어가 쉬고 있는데 어떤 신도가 와서 "무엇을 하는 사람들이냐?"고 물었다. 그래서 우리의 이번 기행에 대해 간단히 설명했더니 다음에는 오실 때는 미리 연락을 해 주면 우리에게 음료수를 준비해줄 수 있을 것 같다고 귀띔해줬다. 어제만 해도 연고도 없던 곳인데 선뜻 그런 말씀을 해 주다니 감사한 일이었다.

일행은 홍법사에서 조금 더 걷다가 옛날 소산 역이 있었던 선동 부락에서 점심을 먹었다. 골프장이 있는 옛길을 따라 금정구청에서 잠시 쉰 후 옛 조선통신사 사행들이 관복을 갈아입었던 십휴정(十休亭 옛 조선통신사·사행들이 정식 관복을 갈아입었던 곳)을 거쳐 동헌에 닿았다. 예정보다 일찍 도착했기 때문인가. 환영인파가 별로 없었다. 그래도 동래 관아였던 동헌에 들어가니 우리의 환영식을 위해 단상과 의자를 준비해 둔 모습이 보였다. 이내 도착 소식이 닿았는지 일본 팀과 대만 팀들을 위한 해설사가 금방 도착해 동헌을 소개해 주셨다.

동래에서의 일정을 준비해주신 김우룡 구청장님의 세심한 배려에 감사를 드린다. 이어 도착환영식이 시작되자 동래구청장님과 국제신문사 국장님이 참석해 환영 인사를 건네주셨다. 예전 행사에서는 부산시장이나 부시장이 참석해 인사를 해 주셨는데 행사의 격이 조출해진 느낌이었다. 세월이 변한 것인지, 우리 행사의 가치가 떨어졌는지 하는 심란한 생각이 새삼들어 뒷맛이 썩 상쾌하지는 않았다. 그래도 환영식이 끝난 후 동래 구청장님과 함께 품위 있고 즐거운 만찬을 함께 하면서 이번 7차 조선통신사 기행 중 한국 구간의 걷기 대장정을 아무런 사고 없이 무사히 마무리했다.

이번 기행에서는 한국 구간을 처음으로 함께 걸으신 대만산악회 황편남(黃鞭南) 회장께서 찬조금을 희사해 주셨고, 대만 회원들과 엔도

우정 걷기 21일 차 일정 출발 전 단체 기념사진

회장을 비롯한 일본 회원들이 적극적으로 협조해 주셔서 아무런 사고 없이 걷기 대장정을 마무리할 수 있었다. 만찬을 끝마치니 엊그제 전야제를 했는데도 새삼 아쉬운 마음이 들었다. 21일간의 도보 행진이 정말 끝났다는 안도감 때문인지, 정말로 헤어져야 한다는 석별의 정 때문인지, 아쉬움과 섭섭한 마음들이 한목에 닥쳐와 우리는 너나 할 것 없이 울먹였다.

그러나 한편으로는 7차까지 이 행사를 지속해 오면서 한·일 우정 걷기의 의미를 잘 구현하고 있는지 의구심도 들었다. 우리는 옛 조선통신사의 숭고한 정신을 방방곡곡 잘 홍보하고 있는가. 오늘날의 현실을 반영해 그 정신을 확산하고 있는가. 걷기 기행을 하면서 개인적 목적이나 달성하고 있는 건 아닐까, 아니면 혹은 공공을 위한 행사의 목적을 제대로 구현하고 있는 것인지 등등 의구심과 고민 등 만감이 교차해 여러 상념이 무럭무럭 깊어가는 밤을 보냈다.

우정 걷기 한국 구간 마지막 목적지 부산 동래부동헌에 도착한 참가자들

부산 동래부동헌에서의 단체 기념사진

우정 걷기 한국 구간 마지막 일정의 산을 넘고 물을 건너 힘차게 전진하는 참가자들

제7차 21세기 조선통신사 서울-동경 한일 우정 걷기
22일 차 (4월 22일)
일정: 자유시간

일본 총영사 초청 만찬 후
일본 여정 완보 의지 다져

　오늘은 느지막하게 아침 식사를 하고 각자 자유시간을 갖기로 했다. 나는 모처럼 가진 자유시간 동안 우리 행사에 대해 결산을 하면서 곰곰이 생각해보았다. 한국 구간을 걷는 동안 행사의 목적을 달성했는지, 어떠한 결과를 도출했는지 등등.

　12시 가까이 되어 일본 엔도 회장이 혼자 있어서 점심을 같이 먹자고 권했다. 그가 쾌히 응해 참치 횟집에서 식사했다. 엔도 회장은 걱정이 태산이었다. 오늘이 지나면 그는 내일부터 일본 구간의 걷기 기행을 책임져야 하는 까닭이었다. 걱정이 아니 될 수가 있겠는가. 그런 그에게 "나는 이제 자유인"이라고 약을 올렸다. 순간 그리고 보니 서울서부터 부산까지 동행해 주신 황편남 대만산악회 회장을 비롯한 회원들 7명과 부산 소목회 박홍규 회장, 그리고 그 회원들에게 소홀히 한 것 같아 아쉬움이 남았다. 저녁에는 부산 주재 일본 총영사관이 우리 일행 40여 명을 초청해 만찬을 베풀어 주었다. 이 자리에는 손명곤 부회장, 강기홍 상임이사가 참석했고, 김태호 자문위원, 나영애 씨, 이철민 씨 등이 일본 구간을 걷기 위해 합류했다.

조선통신사 한·일 우정 걷기 대장정 1차부터 7차에 이르기까지 늘 행사를 시작할 무렵이면 매번 한·일 문제 관련해 독도 또는 교과서 내용 논란 등의 외교 문제가 터져서 시끌벅적했다. 올해는 위안부 문제와 미츠비시 강제동원 문제로 양국 간 감정이 썩 좋지는 않은 방향으로 흘러갔다. 그런 와중에도 주 부산 일본영사관에서 우리를 초대해 부산에서 동경까지 나머지 여정을 잘 마무리하도록 용기를 북돋아 줬다. 조선통신사의 명맥을 잇고 긴 역사 속에서 함께 해 온 교류를 민간 차원에서 몸소 실천하는 그 지극정성에 대해 감사와 환영의 마음을 담아 인사를 건네줬다.

식사를 하면서 이 걷기 행사를 통해 얻은 의의를 되새겨 봤다. 한·일 주변 정세는 썩 좋지 않았다. 하지만 통신사들이 몸소 움직여 지켜 온 성신과 우호 증진의 그 정신만큼은 결코 간과할 일이 아니었다. 그것이 잊히지 않도록 오늘날을 살아가는 한·일 양국 누군가는 그러한 정신을 기억하고 기리면서 그 숭고한 뜻을 받들어야 한다는 생각이 간절했다. 그렇게 생각해 보니 내일 일본 땅에서 이어질 기행도 새롭게 다가왔다. 한국에서 그랬듯이 일본에서도 계획한 길을 끝까지 완보하자고 마음속에 다져봤다.

부산에서 자유시간을 즐기는 참가자들

부산 주재 일본 총영사관에서 열린 한·일 우정 걷기 한국 구간 걷기 마무리 환영행사

부산 주재 일본 총영사관관저에서 환영 만찬

부산 주재 일본 총영사관저에서의 단체 사진

부산 주재 일본 총영사에게 한·일 우정 걷기 페넌트를 증정하는 일본 측 엔도 회장(좌측)

히로시마성 봄 풍경

세토나이카이 이른 저녁 봄 풍경

제2장

일본의 옛 뱃길을 버스로 가다!

제7차 21세기 조선통신사 서울-동경 한일 우정 걷기

23일 차 (4월 23일)

일정: 부산에서 일본으로

해신제 지내고 넘던
쓰시마 뱃길 단숨에 넘다

한국 구간에서의 아쉬움을 뒤로 한 채 조선통신사 일본 구간을 걷기 위해 여장을 꾸렸다. 그런데 출항시각까지 여유 시간이 빠듯해 일행 32명은 서둘러 국제여객선터미널로 향했다. 대마도로 가는 여객선에 모두가 제대로 다 탔는지 다 확인한 뒤에야 한숨을 돌릴 수 있었다. 생각 외로 바다의 물결은 잔잔해서 승선감이 좋은 선박 여행이었다.

8시 40분에 부산에서 출발해 10시 30분에 나가사키현 쓰시마시의 이즈하라(嚴原) 항구에 도착했다. 우리는 책과 홍보용 팸플릿 등 일행들이 소지한 짐이 많아서 통관절차를 마치고 나와보니 생각보다 시간을 꽤 지체하고 말았다. 절차를 모두 거쳐서 겨우 바깥에 나와 보니 부두에서의 환영 행사가 끝난 뒤였다. 우리는 쓰시마 시의 환영행사에 참석하기 위해 걸음을 바삐 재촉했다. 시청에 도착하니 NHK 등 여러 언론사 기자들이 많이들 나와서 취재를 하느라 분주했다. 시청 현관 앞에서 쓰시마 시장을 비롯한 관계자들이 도열해 우리를 반기고 살뜰히 환영해 주었다. 쓰시마시 히타카츠 나오키(比田勝 尙喜)시장과 일본 조선통신사 연지연락협의회 마츠바라 카즈유키(松原一征) 회장이 우리에게 꽃다발을 증정한 후, 3층 식장으로 옮겨 환영 행사가 거행되었다. 시장님은 우리가 2년 전에 왔을 때 만났던 그분이다.

환영행사가 끝나고 '금강산도 식후경'이라고 행사장 가까이에 있는 쓰시마의 고급요릿집에서 간단하게 점심을 먹었다. 예전 행사 때 이 요릿집에 왔을 때는 식당의 여사장님이 나와서 무용을 보여주었는데 오늘은 몸이 아파서 공연할 수 없다고 했다. 그 대신 시원한 맥주를 공짜로 내주었다.

오후에는 시립 도서관에 들러 조선통신사 백과(百科) 8권을 열람해 보았다. 보통 때는 열람할 수 없는 책들인데 마츠바라 회장의 주선으로 특별히 읽게 되었다. 예전에 여러 번 이 도서관을 들러보았지만 이런 책들을 보는 것은 이번이 처음이었다. '이런 기록들이 한국에는 제대로 보존되어 있을까?'라는 의구심이 생기고, 한편으로는 섭섭한 마음이 들었다. 그 후에는 조선과의 교역을 주로 담당했던 쓰시마 번주의 만송원(萬松院·반쇼인)을 둘러보았다. 반쇼인은 나가사키현 쓰시마시 이즈하라정에 위치하는 사찰로 천태종의 사찰로도 유명한데 1615년에 세워진 건축물이다. 이곳의 '금동관음보살반가상'이 잘 알려져

한·일 우정 걷기 참가자들을 환영하는 쓰시마시 하타카오 나오키 시장과 마츠바라 회장

한·일 우정 걷기 참가자들과 쓰시마시 히타카쓰 나오키 시장과
일본 조선통신사 연지연락협의회 마츠바라(松原一征) 회장 등과의 단체 사진

있다.

저녁 만찬은 부시장과 마츠바라 회장과 함께했다. 식사하며 많은 이야기를 나누는 중에 재미있는 사실들도 알게 되었다. 내게 가장 흥미로웠던 이야기는 조선과 일본 사이의 교류를 다룬 12만여 건의 자료 중 3분의 2가 쓰시마에 남아 있다는 사실이었다. 그뿐만 아니라 덕혜옹주의 정략결혼 등 여러 비화를 들을 수 있는 재미있는 시간이었다. 만찬 후 우리는 모두 손에 손을 잡고 '후루사토(故鄕·일본 대표 동요)'와 '아리랑'을 부르며 모임을 마무리했다. 한·일 관계도 이렇듯 다정스러운 이웃사촌 같은 모습으로 이어질 수 있다면 얼마나 좋을까 하는 아쉬움이 들었다. 행사가 끝날 때까지 쓰시마 부시장도 우리와 한 자리에 내내 함께했다.

제7차 21세기 조선통신사 서울-동경 한일 우정 걷기

24일 차 (4월 24일)

일정 : 이키 섬에서의 하루

아름답고 풍요로운 이키섬(壹岐島), 어죽은 없더라

어제 우리가 도착할 무렵부터 내리던 비가 밤새도록 주룩주룩 내렸다. 아침에 일어나서도 내리는 빗줄기를 보자마자 '오늘 과연 이키섬으로 제대로 갈 수 있을까?'라고 하는 걱정이 앞섰다.

그러나 가야 할 길이라면 주저 없이 가야 한다. 잠이 덜 깨어 자꾸 감기는 눈을 비비며 우리는 05시 30분에 약간의 비를 맞으며 부두로 걸어갔다. 다행히 운항에는 별 지장이 없다는 관계자의 말을 들었다. 승선장 바닥에 노숙자처럼 우르르 앉아서 준비해 온 도시락으로 아침 요기를 하고, 6시 45분에 비너스 호 쾌속선에 승선했다. 다행히 물결은 잠잠해 배가 순조롭게 운항했다.

이키섬(壹岐島)에 도착하니 이키시 시청 직원들과 이키시관광협의

회, 이키시걷기협회에서 나온 사람들이 우리를 반겼다. 뜻밖의 일이라 당황스러웠지만 맞아 주는 사람들이 있으니 기분은 좋았다. 오던 비도 멈춘지라 마냥 즐겁기만 했다. 우리는 하선한 항구에서부터 이키 시청까지 14km를 더 걸어서 갔다. 가는 길 주변은 산야라서, 걸을 때마다 눈 앞에 펼쳐지는 경관이 한 폭의 그림처럼 아름다웠다.

이키시청에서는 1년 전에 만났던 시라가와 시장을 비롯해 많은 직원이 도열해 환영해 주었다. 이키시의 특산물은 보리인데, 환영식 때 시장님이 그 보리를 원료로 만든 술을 됫병으로 5병이나 가져와 우리에게 선물로 주셨다. 애주가들이 단번에 반색하며 박수갈채를 보냈다.

그 후 일행은 식당에 가서 점심을 먹고, 이키국박물관으로 갔다. 조선통신사의 기록문화유산들이 유네스코에 등록된 이후 이곳 박물관은 조선통신사에 관한 자료들과 새로운 역사 자료들을 보완했다. 그래서인지 이전에 왔을 때보다 전시물 등 자료들도 모습이 확 달라졌다. 원래 계획대로라면 옛 통신사가 숙소로 사용했던 아미타당(阿彌陀堂)도 둘러봐야 했으나 비 때문에 들르지 못하게 되었다. 그래도 차근차근 이키국박물관을 관람하고 더 걸어 숙소에 당도했다.

이키섬은 산세가 넉넉해서 그런지 몰라도 사람들의 마음도 풍요롭다. 이곳 사람들은 섬사람답지 않게 여유롭고 인심이 좋다. 참고로 이키섬(壹岐島·일기도)은 일본 나가사키현에 속해 있는 섬으로 면적은 133.7㎢에 인구는 4만여 명에 이른다.

조엄이 쓴 [해사일기]에서는 이키섬에 대해 "이키섬(壹岐島·일기도)

포구의 백성이라야 100호 남짓하고, 쓰시마(大馬島·대마도)에 비해 면적은 반도 못되지만 밭은 많고 논은 적으나 토산물이 풍부하고 부지런해 경작방법도 대마도보다 나아서 인심도 좋았다"라고 기록하고 있다. 이키섬 사람들은 옛날이나 지금이나 너그럽게 살아온 사람들 같았다.

또 계미년(1763년·영조 39년) 제10차 조선통신사들이 이곳 섬에서 머문 기록도 남아 있다. 당시 조선통신사들은 일본으로 가기 위해 바다를 건너던 중 심한 풍랑을 만나, 배가 파손되는 바람에 배도 고칠 겸 16일을 이곳에서 묵었다고 한다. 또 귀국할 때도 항해하기 좋은 날을 기다리기 위해 14일 정도 머물고 갔다고 한다. 그 당시 사행들은 배 위에서 자기도 하고, 이키섬에서 팥죽과 어죽을 맛있게 먹었다고 한다. 또 날 맑은 날 뒷산에 올라가면 이곳에서 조선의 산천이 보인다고 해, 언덕 위에 자리를 마련하고 임금이 계신 북향을 향해 망궐례도 했다고 한다.

그래서 가이드한테 우리도 어죽을 먹어보자고 했더니 옛날에 못 살 때나 먹던 음식이지 지금은 없다고 해 다들 한바탕 웃었다. 1811년 경, 제12차 조선통신사는 왜까지 가지 못하고 쓰시마에서 막부에서 나온 사신만 만나 국서를 전달하고 돌아왔다. 일본에서는 그 자리에 표지석을 세워 보존하고 있다.

비가 와서 궂은 날씨였지만 연두색으로 치장한 채 나지막한 산들은 아름답기 한량없었다. 시가지에 핀 철쭉꽃들은 이키시 산천의 녹음을 한층 더 돋보이게 했다.

궂은 날씨에도 아름다운 연두색의 이키섬의 풍경

한·일 우정 걷기 참가자들을 환영하는 이키시청 시라가와 시장과 시 관계자들

이키시 시라가와 시장으로부터 일본 5대 명품인 이키시 보리 소주를 선물로 받은 한·일 우정 걷기 대표단

이키시의 옛 이끼국 터 앞에서의 단체 사진

이키시 고급 요릿집에서의 만찬

> 제7차 21세기 조선통신사 서울-동경 한일 우정 걷기
> **25일 차 (4월 25일)**
> 일정: 이키섬에서 노고로겐지까지

일본인의 로망, 해발 850m
'노로국립공원(野呂山高原)'에 여장을 풀다

06시 30분에 숙소인 호텔에서 아침을 먹고 07시 15분에 출발해 아사베 항구까지 버스로 이동했다. 7시 55분 쾌속선인 위너스 호를 타고 비 오는 이키섬을 떠나 하카다(博多) 항구로 향했다. 하카다 항구에는 9시에 도착했다. 하카다 항구에는 과거 '조선통신사 우정 걷기'에 참가한 회원뿐만 아니라 일반인들도 많이 나와서 우리에게 환영과 격려를 보내주었다. 이곳에선 일정상 조금만 쉬고 다시 길을 떠나야 해서 환영 나온 회원들과 만나자마자 작별의 인사를 하게 되었다. 못내 아쉬움만 남았다.

옛 조선통신사는 하카다 대신 하카다 항구에서 약 1시간 정도 떨어진 아이노시마에 머물었다. 그 이유는 임진왜란 때 일본에 납치되

어 간 도공과 제지(製紙) 기술자들이 통신사 사행들과 접촉하지 못하게 해 기술자들의 귀국을 막기 위해서였다고 한다. 그러나 이제 그런 제약에서 벗어난 우리 일행은 9시 36분에 하카다 항구에서 버스를 타고 바로 히로시마로 출발했다.

머잖아 아카마세키(赤間関)에 도착하게 된다. 이곳은 옛 조선통신사가 바다 건너 일본에 오면서 처음으로 밟은 본토 땅이기도 하고, 한국인들에게는 많은 애환을 간직하고 있는 부관 페리호의 선착장이기도 하다. 우리는 옛 사행들이 숙소로 사용했던 아미다지(지금의 아카마 신궁)를 둘러보고, 달리는 버스 안에서 도시락을 먹어가며 약 4시간 동안 이동했다.

오후 1시 50분에 히로시마 평화공원에 도착했다. 한국인 피폭 희생자 위령비 앞에서 한·일 회원 모두 슬픔과 아픔을 달래며 헌화하고, 참배했다. 2차 대전 당시 미국이 히로시마에 투하한 원자폭탄에 희생당한 사람이 약 20만 명인데 그중 한국인이 2만여 명이나 된다고 한다. 폭탄을 맞아 앙상하게 뼈대만 남은 건물들이 일본에는 아직도 곳곳에 남아 있다. 전쟁의 참혹함과 처참함, 그 너머 생사의 갈림길에서 아비규환 생지옥이 되었을 당시의 처참한 광경이 현장에 남아 있다. 이런 고통의 광경은 우리 후손에게는 물려 주어서는 안 될 유산이다. 한·일 참가자 모두가 그런 생각을 함께 되새겨 본다.

슬픔과 아픔을 뒤로 한 채 우리는 노로국립공원(野呂山高原) 숙소에 도착해 여장을 풀었다. 노로국립공원 숙소는 해발 836m 높이의 산속, 760m 높이에 있는 숙소인데 자연경관이 좋아 일본인들도 많이 찾는다. 사방이 바다에 둘러싸여 있고, 산에는 겹벚꽃이 피어 장관을 이루는 곳이다. 그러나 오늘은 안개가 짙게 껴서 그 아름다운 경관을 보지 못해 모두 몹시 아쉬워했다.

원폭으로 폐허가 된 건물 잔해를 보존하고 있는 일본 히로시마시

히로시마시 한국인 원폭 희생자 위령탑을 찾은 참가자들

히로시마 평화공원에서의 단체 기념사진

> 제7차 21세기 조선통신사 서울-동경 한·일 우정 걷기
>
> **26일 차 (4월 26일)**
>
> 일정 : 노로고겐지에서 도모노우라까지

한·일 문화 교류
활성화 헌신하는 강정춘 씨

7시 30분에 아침 식사를 마치고 50분에 호텔 버스 2대에 나누어 타고 길을 떠났다. 한 시간여 달려서 9시에 시모가마가리 정에 도착했다. 오늘은 적지 않은 사람들이 함께 시모가마가리 정을 함께 걸으러 우리와 합류한다. 란도문화재단 다케우치 이사장을 비롯한 관계자들, 어제 히로시마 평화의 광장에서 만났던 한글학교 윤 교장을 비롯한 평화통일회원들이 승용차를 타고 왔다. 다 함께 환영과 격려의 마음을 담은 덕담을 주고받으면서 힘을 얻고 다시 길을 떠났다.

시모가마가리 정에는 조선통신사 박물관이라 해도 될 정도로 여러 사료를 잘 전시해 놓은 송도원이 있었다. 전시물 중에는 유네스코에 등록된 조선통신사 선열도가 있었는데 필자도 오늘 이곳에서 처음 보

는 것이었다. 송도원(松濤院)에서 해설사를 제공해 주어서 통신사에 대한 많은 이야기를 들었다. 조선통신사 관련 자료들이 유네스코 기록문화유산에 등록된 것은 2017년 경인데, 그 뒤로 일본은 이 유산들을 발 빠르게 관광 자원으로 꾸미고 있다는 사실이 여실히 느껴졌다. 이곳 시모가마가리만 하더라도 조그만 지역일 뿐인데 조선통신사가 정박한 장소나 숙소를 알리는 표지석들을 곳곳에 세워 놓고 길을 정비해 놓아 우리를 깜짝깜짝 놀라게 했다.

심지어 놀랄 일은 거기서 그치지 않았다. 시모가마가리 초등학교에서 우리 걷기 일행을 환영하면서 초등학생들과 함께하는 프로그램을 마련한 것이다. 초등학교에서 준비한 환영식을 보러 학교 강당에 가니 어린 학생들이 '타고(打鼓)' 공연을 했다. 준비한 공연이 끝난 뒤에는 학생들과 참가자들이 모두 다 함께 손에 손을 맞잡고 아리랑을 불렀다. 그 뒤 학교 근처 인근 공원에서 시모가마가리 초등학생들과 함께 둘러앉아 도시락으로 점심을 했다. '이 얼마나 멋진 산 교육인가?'라고 생각하면서 내심 감탄했다. 이런 만남이야말로 사람과 사람이 만나는 민간 차원의 외교이자, 조선통신사의 한·일 우호 정신을 자연스럽게 구현하는 좋은 행사라고 생각이 되었다. 어린 학생들에게도 오늘의 이 체험이 오래 감명 깊게 남았으면 좋겠다는 바람을 가져본다.

놀라움을 금치 못하면서 우리 일행은 오후 1시에 버스를 타고 히로시마현 후쿠야마시 누마쿠마 반도 남단에 있는 항구와 그 주변 해역을 일컫는 '도모노우라(鞆の浦)'로 향했다.

도모노우라 주변은 1925년에 지정된 국가 명승 도모 공원(鞆公園)이다. 그 후 1934년 3월에는 일본 국립 공원 최초로 세토나이카이 국립 공원으로 지정되었다. 이곳 도모노우라는 조그마한 어촌인데도 사찰이 무려 27개나 있는 지역이다. 그 까닭은 이곳 바닷물이 간만의 차가 심해 안전한 물길을 따라가려면 바다의 조류가 바뀌는 것을 기다려야 하는 항구였기 때문이다. 오사카나 규수로 가는 배가 밀물을 타고 토모노 항구로 들어오면 썰물을 타고 다시 출항할 때까지 기다려야 했다. 그 때문에 오가는 뱃사람들은 자연히 이곳 어촌에 배를 정박시켜 자연히 적지 않게 머물게 되었다. 뱃사람들은 마을 안에서 돈을 쓰기도 하고 안전한 뱃길을 위해 절에 시주하거나 기도를 올리곤 했다. 그렇게 우후죽순 생겨난 사찰들은 오늘날까지 남아 그 흔적을 말해준다.

오후 4시쯤 도모노우라의 숙소로 잡은 호텔에 4시에 도착하니 반가운 만남이 있었다. 1차 기행 때 참여한 재일교포 강정춘 씨가 우리를 기다리고 있었다. 우리에게 보여줄 것이 많다며 상기된 얼굴로 반겨주시기에 일행은 여장도 풀지 않은 채 강정춘 씨의 안내를 따라나섰다.

내해(內海)에 있는 옛 등대로 갔더니 그동안 우리를 맞이하기 위해 만든 모임 회원들이 한복과 일본식 복장을 하고 나와 멋들어진 환영식을 준비해 놓고 있었다. 우리는 옛 조선통신사 사신들이 앉아 경관에 취해 시를 읊조렸던 장소인 후쿠젠지(福善寺 · 복선사) 대조루(對潮樓)를 찾았다. 옷차림마저 옛 모습 그대로 갖춘 사람들에게 안내를 받은 그런 옛 장소에 서 있자니 과거로 시간여행을 하는 듯한 기분이었다. 특히 대조루는 경관이 아름다워서 옛 조선통신사 8차 때 종사관으로 왔던 이방언이 이곳에서 '일동제일형승(日東第一形勝 · 일본 동쪽에서 가

한·일 교류 활성화를 위해 남다른 헌신을 해온 재일교포 강정춘 여사

장 아름다운 명승)'이라는 글을 짓기도 한 곳이다. '일동제일형승'은 유네스코기록문화유산으로 등재된 글이다.

그런 옛 글월 속 풍경에서 이토록 극진한 환대를 받으니 기분이 절로 흐뭇해졌다. 또 이 환영식에서 강정춘 씨 일동은 우리 걷기 기행단을 위해 기부금을 모은 모금함을 주셨는데 정말 예상치 못하고도 감사한 일이었다. 그리고 저녁 만찬에는 일본의 가야금 격인 '고토(琴)' 연주를 들었다. 참으로 검소하면서도 품격 있는 자리였다.

이 와중에 우리를 가장 놀라게 한 것은 강정춘 씨가 한·일 교류 증진을 위해 헌신해온 노력과 그 집념이었다. 그는 조선통신사 기행에 참여하면서 한복을 배우기 시작했는데, 그 배움으로 한국의 수의를 개량해 일본인의 취향에도 맞는 새로운 양식의 수의를 만드셨다. 한국과 일본의 의복문화가 섞인 새로운 옷이 탄생한 것이다. 거기에 이 옷은 양국의 문화양식이 합해진 디자인일 뿐만 아니라 오늘날 실생활에서도 쓰이는 의복이라는 것이 고무적이었다. 한·일 양국의 의복문화교류에 앞장선 징표라 할 수 있겠다. 이 얼마나 장한 일인가.

강정춘 씨는 이렇듯 양국의 문화를 합친 의복을 한국인과 일본인들이 고루 입게 하는 일에 힘을 모으고 싶다고 했다. 우리가 옛 조선통신사의 숭고한 정신을 계승·발전시키고자 하는 뜻과도 한 갈래인 마음 씀씀이이었다. 강정춘 씨의 뜻이 꼭 이루어지고, 아울러 성공하기를 두 손 모아 함께 빌어 본다.

시모가마가리의 전시물

시모가마가리소학교 학생들의 타고(打鼓) 환영 공연

시모가마가리소학교 학생들과의 단체 사진

시모가마가리소학교 어린 학생들과 함께 둘러앉아 도시락으로 점심 식사를 하는 참가자들

일동제일형승지 토모노로 일컬어지던 도모노우라 앞바다 풍광

오카타 아키고 씨의 '고토(琴·한국의 가야금과 비슷한 일본 전통 현악기)' 연주장면

우정 걷기 참가자들을 위해 푸짐하게 준비한 저녁 만찬

휴게실

조선통신사의 숙소

일본에서의 통신사가 유숙하는 숙소는 주로 사찰과 오차야(御茶屋:쇼군 가문이나 다이묘(大名)가 숙소나 휴게시설)였다. 쓰시마섬에서 오사카까지는 배 안에서 유숙하기도 했으며, 상황에 따라서는 사절단들이 머물 곳을 임시로 만들었다가 쓸모를 다 한 뒤에 해체해버렸다고 한다. 시모가마가리 정의 경우는 본디 일본인이 사는 동네였는데, 당시의 관리가 토착민들을 사절단이 보이지 않는 산 너머로 모두 이주시킨 뒤 그 마을 자리에 사절단의 숙소를 만들었다고 현지의 향토사학자들이 주장한다.

사찰이 숙소로 많이 이용된 이유는 두 가지로 추측된다.

첫째는 통신사 사절단이 파견되기 전, 15세기경에 한·일 교류의 가교가 된 조선 중기의 명승 사명대사 유정(四溟大師 惟政·1544~1610)의 방문에 영향을 받았을 것이라는 추측이다.

둘째는 사절들처럼 대규모의 인원을 수용할 만한 장소가 사찰 외에는 마땅치 않았으리라고 생각해 본다.

제7차 21세기 조선통신사 서울-동경 한일 우정 걷기
27일 차(4월 27일)
일정: 도모노우라에서 오카야마까지

도모노우라 '일동제일형승지'는 제 모습 잃어 가고

밤에 왠지 잠이 오지 않아 새벽 2시부터 뒤척이다 일어나 쓰던 글을 마무리 지었다.

오늘은 느긋하게 7시에 아침을 먹고 9시에 숙소를 출발해 시내 조선통신사와 관련된 유적지를 답사했다. 도모노우라 시립박물관을 방문해 '만요슈(万葉集: 일본의 가장 오래된 가집으로 일본인이 세계에 자랑하고 싶어 하는 고대 문화유산)'과 조선통신사 사신이 유숙하면서 썼다는 후쿠젠지(福禪寺) 대조루(対潮楼) 현판도 눈에 담아두었다. 아울러 150년이나 된 등대, 항구의 돌계단, 조선통신사 사행이 숙박했다는 아미타사도 찬찬히 둘러보았다.

오후 1시에 도모노우라를 떠나 일본 국민 휴양지인 오카야마(岡山)

이코이노우라(세토우치시)에 도착했다. 피로도 풀 겸 목욕탕에 몸을 담그니 창 너머로 푸른 바다와 연두색 산이 조화를 이루는 아름다운 풍광이 한눈에 들어온다. 시원스럽게 펼쳐진 경관을 보며 목욕을 즐기니 피곤함도 풀리고 기분도 상쾌해졌다.

휴게실

에도 시대 사람의 하루 걷는 거리

일본에서는 1리가 곧 4km이다. 보통 사람은 10리, 즉 40km이다. 걸음이 빠른 사람은 50km 걷고, 여자와 어린이는 30km 걷는다. 통신사는 보통 아침 5~6시경 출발했고, 그 행렬에는 2,000명 정도가 뒤따랐다.

후쿠젠지(福禪寺) 관음당(觀音堂) 앞에서의 단체 사진

후쿠젠지의 조선통신사 옛 유적 전시물을 둘러보는 참가자들

오카야마 고리시카와 고라쿠엔 봄 풍경

제7차 21세기 조선통신사 서울-동경 한일 우정 걷기
28일 차(4월 28일차)
일정:오카야마에서 오사카까지 오카야마 이코이노무라(오카야마휴양촌)-오오사카

조선통신사 유적 활용도 드높이는 일본 '우시마도'

　06시부터 출발할 채비를 했다. 차에 실을 큰 짐들은 6시 30분까지 로비에 내려놓고, 조식 시간을 가진 뒤 8시에 호텔의 미니버스 2대를 타고 오사카로 출발하였다. 버스로 1시간 남짓 달려 중간지점인 우시마도(牛窓)에 들렀다. 우시마도는 '일본의 에게해'라는 별명을 가진 자그마한 어촌인데, 조선통신사가 숙소로 이용한 본연사와, 1719년 통신사 제술관이었던 신유한이 쓴 [해유록]에서 유래한 가이유칸(海遊館·해유관)이 있다.

　그간 거쳐온 다른 곳들도 그랬지만 우시마도 역시 조선통신사 연고지를 이용해 조선통신사와 관련한 유품과 자료들을 잘 정비하고 보강해 전시하고 있었다. 일본은 이렇듯 조선통신사 사행들이 남긴 유산들을 최대한 활용해 유네스코 기록문화유산으로 보존하는 등 역사 관광 유적의 활용 가치를 차근차근 높여가고 있다. 일본 측에선 이렇게 발 빠르게 지역별로 손님 맞을 준비에 심혈을 기울이고 있는 데 반해, 한국 측은 조선통신사 역사문물에 대해 여전히 무관심한 것 같아 안타까움을 금할 수 없다. 일본은 어찌 보면 사소해 보이는 오래된 유적과 기록물은 물론 추억마저도 관광 자원으로 삼아 적극적으로 활용하고 있다.

그런데 정작 우수한 문물을 전달해 준 한국은 별다른 관련 사업을 펼치지 않고 이를 염두에 두지 않는 등 직무유기를 하는 것 같아 마음이 씁쓸하다. 우리는 그동안 무얼 했는가. 겨우 몇 해 전에 옛 조선통신사가 일본에 가기 전에 해신제를 지냈던 장소 한 곳에 관련 사료를 전시한 정도가 고작이다. 이 얼마나 창피하고 부끄러운 일인가. 그런 생각을 하니 새삼 분하고 원통한 마음이 들었다. 오랜만에 흥분한 마음을 가라앉히려 나름 애쓰면서 준비해 온 도시락으로 점심을 때웠다.

12시경에 대절한 버스를 타고 2시간 40여 분 달려 오사카성에 도착했다. 오사카성은 마치 경주의 불국사처럼 오사카 지역을 대표하는 역사유적이나 다름이 없어서 언제 가든 사람들로 붐비는 곳이다. 웅장하고 면적이 넓은 성 유적이기도 한데, 특히 들어가는 입구에 가로막아놓은 돌의 크기가 굉장하다. '먼 옛날 그 돌을 어떻게 운반했을까?'라고 상상에 잠겨본다. 하여간 동서고금을 막론하고 권력을 가진 자들이 자신을 방어하고 자신의 힘을 과시하기 위해 만든 상징적 유적은 언제나 우리들의 상상을 초월한다.

한편 필자는 이곳 오사카성에서 배탈이 난 탓에 화장실을 찾느라 이리 뛰고 저리 뛰고 하다가 하마터면 우리 일행을 놓칠 뻔한 어처구니없는 일을 겪기도 했다. 그래도 오래 헤매지 않고 합류하게 되어 천만다행이었다. 오후 4시에 숙소로 잡은 토요코인 요도야바시역 남(南)호텔에 여장을 풀었다. 저녁에는 팀별 자유 식사를 하기로 계획되어 있어서 조별로 자유롭게 저녁 식사를 해결했다.

옛 조선통신사는 오사카(大阪)에서 이런 일도 겪었다. 조엄이 쓴 [해사록]을 보면 "계미년(1763년) 사행들이 돌아오는 길에 오사카(大阪)에서 사행 중 최천종(崔天宗)이라는 사람이 도둑에게 죽었다. 대마도 왜인의 소행인데, 이들은 모른 체하면서 빨리 떠나기를 청했으나, 대개 조선통신사 사행의 보호를 담당하는 자가 대마도 왜인(倭人)이기 때문이다. 사신을 파견한 이래 처음 있는 변고였다. 그래서 당시 정사 조엄은 오사카(大阪)에 머무르고, 떠나지 아니하니, 대마도 왜(倭) 당국 또한 도둑을 숨길 수 없었다. 한 달 만에 옥사(獄舍)에서 그 범인을 처형하는 것을 보고 돌아왔다"라는 기록이 있다. 일본이 조선통신사에 대한 예우와 삼사를 비롯한 사행들의 대담한 외교술에 새삼 놀라지 않을 수가 없다.

방문자를 압도하는 웅장한 오사카성

오사카성을 빙 둘러싼 해자(垓字·성 주위에 둘러 판 못) 주변 풍경

오사카성 봄 풍경

교토 기요미즈데라의 봄 풍경

제3장

에도를 향해 옛길을 걷다!

제7차 21세기 조선통신사 서울-동경 한일 우정 걷기

29일 차 (4월 29일)

일정 : 오사카에서 히라가타까지 28km

춘풍(春風),
긴 제방 스쳐 고향 집 감도는구나!

옛날에는 일본 쓰시마에 도착해 오사카(大阪)까지는 육로가 없어 옛 조선통신사는 해로를 이용했다. 우리는 해로 대신 버스를 이용하게 되어 오사카까지 육로로 이동했다. 그래서 오늘부터는 걸어야 했다. 물집을 막기 위해 발에 테이핑 처치를 하면서 마음을 단단히 먹어본다. 6시 30분에 큰 짐을 차에 실으려 내려놓고, 7시에 식사를 한 뒤 7시 30분에 호텔을 나섰다. 출발 장소인 오사카 시청 앞에 당도하니 우리와 함께 걸으려 하는 현지의 참석자들이 벌써 차례로 일일 참가접수를 하고 있었다. 그중 반가운 인사도 껴 있었다. 한국체육진흥회 상임이사인 허남정 박사가 일본 최남단 가고시마(鹿兒島)에서 일본 열도 최북단 홋카이도(北海道)까지 혼자 걷는 도중에 우리와 함께 걷기 위해

29일 차 >> 오사카-히라카타 여정도

합류했다. 여러 가지로 마음이 무거웠던 중에 기쁜 일이었다.

우리는 간단한 출발식을 마치고 오사카 시내 중심가를 흐르는 하천을 지나 요도가와(淀川)강 제방 길을 따라 걸었다. 오사카는 한때 홍수로 크게 피해를 본 적이 있어 네덜란드 전문가를 초청해 보수 공사를 한 바 있다. 요도가와(淀川) 강과 시내 하천과 연결되는 하구에 수문을 설치한 일이다. 덕분에 요도가와 강변에 아름다운 공원과 산책길이 조성되어, 걷기 좋은 길이 만들어졌다.

4월도 얼마 남지 않아 봄기운이 완연한 요도가와 제방 산책로를 걸으면서 중국의 시성 이태백의 '술을 대작하며(對酒)'라는 시구를 떠올린다.

권하는 술잔을 거절치 말게나 勸君莫拒杯(권군막거배)
봄바람은 웃으며 불어오고 春風笑人來(춘풍소인래)
복숭아 오얏나무 늘 봐왔거늘 桃李如舊識(도이여구식)
꽃송이 고개 숙여 우리를 보네 傾花向我揭(경화향아게)
여기저기 푸른나무 꾀꼬리 울고 流鶯啼碧守(유앵제벽수)
밝은 달은 황금 술잔 속에 둥그네 明月窺金罍(명월규금뢰)
어제의 홍안 소년이 昨日朱顔子(작일주안자)
오늘에 백발이 성하고 今日白髮催(금일백발최)
석호전에는 가시덤불 자라났고 棘生石虎殿(극생석호전)
고소대엔 들 사슴이 뛰어노네 鹿走姑蘇臺(녹주고소대)
자고로 제왕들의 대궐이나 自古帝王宅(자고제왕댁)
성곽은 흙먼지에 묻혔거늘 城闕閉黃埃(성궐폐황애)
자네는 술 마시지 아니하고 君若不飮酒(군약불음주)
뉘라서 불로장생 하였던고 昔人安在哉(석인안재재)

한편 옛날 조선통신사 사행들도 오사카 니시혼지(西本寺)에서 자고 이 요도가와를 따라 교토까지 갔다. 우리도 요도가와의 하천길을 따라 걸었다. 요도가와는 서울의 한강처럼 강폭이 꽤 넓어 활용할 만한 강변 언덕(고수부지)이 즐비하다. 오사카에서는 그 언덕(고수부지)에 각종 운동 시설들을 설치해 시민들이 남녀노소 누구나 운동을 즐길 수 있도록 했다. 2시 30분경에 히라가타(枚方) 시청 옆 공원에 도착해 완보증을 수여하고 도착식을 가지는 것으로 일정을 마무리했다.

도착식을 끝낸 후 우리 한국팀은 1.5km쯤 떨어진 백제사 유적지를 답사하러 갔다. 백제가 망한 후 왕족 후손들이 모금해 만든 것으로 추정되는 사찰이다. 삼한 시대의 일본과의 관계에 대해 일본 관점에서 나름대로 서술한 안내판도 세워져 있었다. 그것을 보고 씁쓸하고 허전한 마음으로 우리는 숙소로 발길을 옮겼다.

오사카 요도가와 강변에 흐드러지게 핀 벚꽃

오사카 시청 앞에서의 단체 사진

오사카 도심을 지나 요도가와강 제방 길을 따라 조선통신사 옛길을 걷는 참가자들

제7차 21세기 조선통신사 서울-동경 한·일 우정 걷기
30일 차 (4월 30일)
일정 : 히라가타에서 교토까지 31km

일본의 레이와(令和) 시대 도래하는 순간에

오늘은 아침에 출발할 때부터 비가 조금씩 내렸고 바람도 거세게 불었다. 빗속을 걷게 될 징조다. 우중에 걸을 준비를 단단히 하고 8시에 히라가타 시청 옆에 있는 공원으로 향했다. 일일 참가자들을 기다렸으나 날씨가 궂은 탓인지 4~5명만 모였다. 바람이 점점 거세져서 오늘의 코스 리더인 야나기다(柳田秀雄) 씨가 이전 루트와 다르게 요도 강둑을 걷지 않고 강가 언덕(고수부지)에 나 있는 길로 방향을 틀었다. 그랬더니 시마(嶋 文子)씨가 헐레벌떡 뒤에서 앞으로 뛰어와서 "코스가 틀렸으니 엔도(遠藤靖夫) 회장님이 길을 멈추라고 하신다"라고 전했다. 야나기다 씨는 침착하게 다른 길로 가는 이유를 설명했다. 우리는 계속 갈 길을 재촉했다.

옛 조선통신사 8차 사행 때는 조선에서 함께 온 사행 중 일부는 배에서 내리지도 못한 채 오사카에 붙들렸다. 그야말로 감금 상태와 마찬가지였다. 이유인즉 임진왜란이나 정유재란 때 조선에서 잡혀 와서 오사카에 사는 조선 포로들을 못 만나게 하고 조선인들의 밀무역을 방지하기 위해서였다. 임진왜란 당시에는 도공·인쇄공·농민 등이 끌려 왔다고 옛 기록에는 남아 있다. 타의로 일본에 머물게 되었으니 포로들은 조선통신사의 발길을 기다리면서 고향 소식을 애타게 기다렸을지도 모를 일인데, 안타까운 일이었다.

어쨌든 이 때문에 사행들은 여기서부터 육로를 따라 걸어서 에도로 가게 된다. 그러나 옛날 조선통신사들은 조선에서 타고 온 배가 해양용이라 이 강을 거슬러 올라가기에는 적합하지 않아, 일본에서 제공한 밑바닥이 편편한 배로 바꾸어 타고, 요도강을 따라 교토로 갔다.

2시간여 정도 걷자 '쿠즈하다이파(楠葉台場跡)' 표지석이 보였다. 이 표지석이 전하는 역사는 간단하지 않다. 이 표지석은 전쟁터의 표식인데, 1860년대 몰락해 가던 막부의 군대와 신 정부군이 치열한 전투를 벌이던 격전지였다. 이곳은 당시 기울어가던 막부 군은 전세를 만회하지도 역전시키지도 못하고 그만 에도로 쫓겨난, 그야말로 한 맺힌 장소이다. 이때 승기를 잡아 세력을 확장한 신 정부군은 곧 메이지(明治) 시대를 열었다.

그러나 우리가 교토를 거쳐 지나가는 이 시점에 신 정부군의 정통을 이어받은 헤이세이(平成)는 새로운 천황의 등극과 함께 곧 레이와(令和) 시대로 바뀐다.

요도가와는 세 갈래 강, 카츠라가와(桂川)·우지가와(宇治川)·키즈가와(木津川)가 모여서 이루어진 강이다. 그 세 강줄기가 모두 모이는 지점에는 게이한가도(京坂街道)의 키사츠다리(木津橋)가 있다. 그 다리를 지나 인근의 휴게소, 요도가와미카와고오리(淀川三河郡) 지점 휴게소에 도달해 휴식도 취하고 화장실도 이용했다.

여행 때, 특히 장거리 도보여행을 할 때는 언제나 화장실이 큰 문제로 등장한다. 더욱이 비가 오는 날이면 더더욱 난처해진다. 그래서 리더는 그날그날의 걷는 거리와 도착 예정 시간, 일행의 걷는 속도를 계산해 휴식시간을 잘 배정해야 한다. 휴게소에서 볼일이 끝나자 게이한가도를 빗겨 한적한 시내 어귀를 돌아 옛 조선통신사가 하선했던 곳을 지났다.

요도전철역에 도달할 즈음에는 점심시간이 다 되었다. 그런데 하필이면 이 시기의 일본이 골든위크, 즉 10일 동안 쉬는 연휴 기간이어서, 식당들이 문을 닫아버린 바람에 식사를 할 장소가 마땅치 않았다. 하는 수 없이 우리는 각자 알아서 편의점에 있는 좁은 장소나 정류장에 있는 의자에 걸터앉아 요기를 했다. 사실 개인적으로는 이해하기가 어려웠다. 여기서 2km 정도만 더 가면 5~6차 기행 때 들렀던 좋은 양식 레스토랑이 있다. 혹은 꼭 그 식당에 가지 않더라도 근처에서 좀 더 품을 들여 걷다 보면 훨씬 좋은 식사 장소를 찾을 수 있을 텐데. 걸인처럼 길거리에서 밥을 먹게 된 것에 화가 치밀어 올랐다.

하지만 한편으로는 내가 지금 리더가 아니어서 이런 억하심정이 드나 하는 생각도 해봤다. 내가 한국에서 리더 역할을 할 때도 따르는 사람들로서는 마음에 차지 않거나 불만스러웠던 점들이 많았을 것이다. 그러나 누구 한 사람도 불만을 터뜨린 사람이 없었다. 그러니 인내심을 갖고 참았다.

교토에 들어서니 옛 도시임에도 불구하고 말끔한 도로를 비롯해 계획도시처럼 시내가 깔끔했다. 그러면서도 옛 조선통신사가 유숙했던 혼간지(本願寺)를 비롯한 옛 유적들과 사찰들이 잘 보존되어 있었다 이 모든 역사의 흔적들을 다 둘러볼 수가 없는 것이 아쉽다. 조엄의 해사일기에 묘사된 교토는 "담장 길이가 몇 리나 되고 5층 석탑이 빈 하늘을 찌를 듯이 솟아 있는 곳"이라고 했다. 또 "민가가 즐비하고, 오사카보다는 인구도 많고 사람들의 의복이 훨씬 화려하나 시가지와 상가의 생활은 오사카보다 조금 못한 것 같다"고 했다. 또 통신사 일행이 유숙한 숙소, 혼코쿠지(本國寺)는 건물이 호화롭고 경치가 볼만한 것이 오사카의 혼간지와 비교할 바가 아니었다고 한다. 그 감상은 오늘날에도 비슷하게 느낄 수 있는 것 같다. 한국의 도시로 예를 들자면 오사카는 울산처럼 현대적 감각을 느끼게 하고, 교토는 경주처럼 고풍스러움을 간직하고 있다.

오늘은 날씨가 굳어 여정이 더욱 어렵다. 그런데도 모든 대원이 열심히 협조해 준 덕택에 오후 5시 즈음에는 오늘의 마지막 지점, 가모가와 천변에 이르니 많은 청춘남녀가 쌍쌍이 짝을 이루어 데이트를 즐기다 우리를 보고 환영의 박수를 보내주었다. 그리고 종착지인 교토 3조 교량 아래에 도착하니 교토 걷기회(JOC Walking Club)에서 우리를 맞아 주었다. 나카야스 야스오 회장을 비롯한 회원들이 예전처

조선통신사 옛길 한·일 우정 걷기 참가자들의 교토 도착 기념 축배

럼 준비해 준 맥주를 마시고 나니 하루의 피로가 싹 가시는 기분이었다. 교토 걷기회, JOC Walking Club은 우리가 조선통신사 걷기 기행을 올 때마다 매번 싫은 기색 없이 반겨줄 뿐만 아니라, 회원들이 교토 지역의 코스를 리드해 주기도 한다. 그렇게 신세를 진 분들이 한국에 오시면 필자라도 혼자서 대접을 하려 하지만 매번 받은 만큼 되돌려드리지 못한다는 생각이 들어 마음이 무겁다.

그 후 우리 일행은 주최 측에서 대절한 시내버스를 타고 30여 분 달려 산기슭에 있는 우다노유스호스텔에 당도해 여장을 풀었으나 옛날 조선통신사 사행들은 혼코쿠지·다이토쿠지·혼노지에서 잤다.

저녁 7시에는 리더인 야나기다 씨의 생일을 축하하는 만찬을 가졌다. 생일 파티를 하니 다들 평소보다 유쾌한 마음으로 즐거움을 만끽했다.

비가 오는데도 러시아 브라드미르 회장을 앞세우고 조선통신사 옛길을 걷는 참가자들

조엄이 쓴 해사일기에도 묘사 된 5층 탑과 사찰(本願寺)

휴게실

조선통신사 세 사신을 시중드는 교군의 수와 품삯

세 사신이 타고 가는 교자(轎子)에는 교군이 20명씩 서로 교대하면서 어깨를 쉬게 했는데. 이들은 에도(江戶)에서 삯으로 사 온 사람들로, 한 사람의 삯이 백은(白銀)으로 백냥이었다고 한다. 상관·중관의 말(馬)에는 왜인이 7명 붙었는데 그중 두 사람은 말을 몰고, 한 사람은 옆에서 차(茶)와 담배를 권하고, 한 사람은 기(旗)와 등(燈)을 들고, 한 사람은 크고 작은 우산을 들고, 두 사람은 먹을 물건과 말 먹이, 말 신과 잡물이 들어있는 쌍쌍이 달린 궤짝을 메고 따랐다. 짐 실은 말은 마부만 있었다고 한다. 이러한 행렬을 보면 통신사를 대접한 게 말로서 표현할 수 없을 정도로 지극정성을 기울인 예우였음을 가늠할 수 있다.

제7차 21세기 조선통신사 서울-동경 한일 우정 걷기

31일 차 (5월 1일)

일정: 종일 교토 문화답사

2대 걸쳐 한국문화 · 정신 계승
'고려박물관' 진한 감동

    오늘은 휴식일이라서 마음이 여유롭다. 7시에 엊그제 투숙한 유스호스텔에서 아침 식사를 하고 8시 30분에 유스호스텔을 출발해 일반 버스를 타고 고려미술관으로 갔다.

    고려미술관은 재일교포 1세, 고(故) 정조문 씨가 일본에서 수집한 한국 문화재들을 교민과 시민들에게 보이기 위해 만든 박물관이다. 전시된 것은 그가 일본에서 수집한 한국의 고미술품 · 고려청자 · 조선백자 · 회화 · 민속자료 등 문화재가 1,700여 점에 이른다. 초대이사장이자 박물관장인 정조문씨는 일본에서도 미술품을 통해 한국의 역사와 문화를 이해할 수 있도록 하고, 일본에 있는 재일교포들이 동포로서 한국에 동질감을 느끼도록 돕고자 이 박물관을 세웠다고 한다. 2대 관장을 지내고 있는 정희두 이사장은 우리가 도착하자마자 본인을 소개하기도 전에 유물들에 대해 열변을 토했다. 2대에 걸쳐서 지켜온 한·일 간의 교류를 위한 숭고한 뜻의 연결고리를 지키는 가문의 열정을 엿볼 수 있었다.

정 이사장은 이번에 특별히 유네스코기록문화유산으로 등록된 조선통신사의 행렬도 8권을 관람토록 배려해 주셨다. 120m 상당의 두루마리 8권인데 실제로 입이 딱 벌어질 정도로 멋진 행렬도였다. 그림은 통신사 행렬에 포함된 많은 사람을 세세히 모두 묘사한 데다, 한 사람 한 사람 직분에 맞게 그의 직무가 무엇인지를 정확하게 표현하고 있었다.

고려미술관을 두루 관람한 후 근래 조선통신사의 유물이 대량 발견되었다는 쇼코쿠지(相國寺·상국사)에도 들렀다. 고려미술관과 달리 이 사찰에서 유물이 발견된 사연은 제법 기묘했다.

기록에 의하면 조선통신사 삼사를 비롯해 사행들은 이 절에 들른 적이 없었다. 그런데 근년에 건물을 고치던 중 천장에서 조선의 옛 유물들이 100점이나 쏟아져 나왔다고 한다. 그 뿌리를 더듬어 보니 이 유물들의 출처는 이 절의 9대 주지인 베수 쇼엔 스님의 영향 때문일 거라는 추측이 나왔다. 쇼엔 스님은 에도 막부에서 대마도로 파견되어 조선통신사 사행들을 맞이한 이력이 있는 분이었다. 그러니 자연스럽게 통신사들과 접촉하고 그들의 작품을 모을 수가 있었을 것으로 보인다.

우리가 방문하자 기다리고 계시던, 현 주지 스님이 쇼코쿠지와 불어 있는 분원 지쇼인(慈照院)에서 나온 조선통신사 관련 유물들을 도록으로 만든 책자를 선물로 주셨다. 유물들의 존재만으로 옛 조선통신사들이 일본에 조선의 우수한 문물을 전달해 주었다는 사실을 확인할 수 있었다. 그런데 이런 뜻밖의 선물까지 받으니 더욱이 감격스러웠다. 이번 조선통신사 옛길걷기 행사의 목적 중 하나를 이룬 셈이기도 해 더욱이 기쁘고 뿌듯한 마음이 들었다.

우리는 흐뭇한 기분으로 쇼코쿠지를 나와 점심 식사를 간단히 했다. 그리고 도쿠가와 가문의 흥망성쇠와 일본 역사의 변천을 지켜본 니조성(二條城)을 관람했다. 니조성은 1601년에 도쿠가와 이에야스가 서일본 영주들에게 축성을 지시해 1603년에 완공해 처음으로 입성했던 건물로 1994년에 유네스코에 세계문화유산으로 등재된 건물이다. 이어서 원한이 서려 있는 귀(耳) 무덤 미미즈카(耳塚)도 방문하여 참배했다.

사실 오늘 2019년 5월 1일은 일본에서는 특별한 날이다. 천황이 다음 대에 계승되어 나루히토 천황이 즉위하고, 그에 따라 연호가 바뀌어 레이와 시대(令和時代)가 열리는 첫날이다. 새로운 시대가 열리는 의미 있는 날인 셈이다. 그런 날을 옛 수도인 교토에서 맞이하다니, 묘한 감회에 젖었다.

부산에서 합류해 여기까지 같이 걸어왔던 이철민 회원이 오늘을 마지막으로 걷고, 내일 귀국길에 오르기로 했다. 그리고 함께 걷고 있는 장정길 회원의 아들인 장흥국 씨가 일행에 합류했다. 처음 외국에 나오신 아버지가 걱정되어 함께 걸을 모양이다. 그래서 만찬 때 한 분을 아쉽게 환송하기도 하고, 다른 한 분을 반갑게 환영하기도 했다.

국서를 운반하는 조선통신사 행렬도

기요미즈데라(淸水寺) 경내를 둘러보는 참가자들

기요미즈데라(清水寺)에서 바라본 교토 시가지 전경

쇼코쿠지와 붙어 있는 분원 지쇼인(慈照院) 앞에서의 단체 사진

임진왜란 당시 조선인 선조의 원한이 서려 있는 귀(耳) 무덤 '미미즈카(耳塚)'

휴게실

① 교토 문화답사
'쇼코쿠지(相國寺·상국사)'의 한글 유작 시

국화야 너는 어이

삼월 동풍 다 보내고

낙목 한 턴(天)의 네 혼자 피었느니

진실로

오샹고절은 너뿐인가

하노라

됴션 농와셔

② 교토(京都)의 귀 무덤, 미미즈카(耳塚)

임진왜란, 구체적으로는 1597년 2차 출병 당시 일본군들은 도요토미 히데요시의 명령에 따라 승전의 증거로 죽인 조선인의 귀와 코를 베어 소금이나 식초에 절여 일본에 보냈다. 귀와 코의 수가 곧 승리의 평가가 되었기 때문에, 다이묘들은 경쟁적으로 이 전리품의 수를 늘리려 했고, 그 결과 남자는 물론 여자와 심지어는 어린아이의 귀와 코까지 모두 잘라 보냈다. 1597년 도요토미 히데요시는 1597년에 귀와 코를 한데 모아 귀 무덤을 세웠다. 일본어로는 이총(耳塚), 즉 '미미즈카'라 한다. - 출처 : 교토신문, 2018.11.07. 야후재팬뉴스 -

한·일 양국의 회원들은 걷기 기행을 떠날 때마다 매회 이곳 미미즈카에 들러 참배하면서 옛 조선인들의 원혼들을 달래고, 이러한 비극적인 참상이 다시는 생겨서는 안 된다는 다짐을 함께 나누곤 했다. 우리가 첫해에 이곳을 찾았을 때는 울분이 치밀어 올라 주체하지 못할 정도로 흐르는 눈물이 앞을 가려 무덤을 제대로 쳐다보지도 못하고, 말도 제대로 하지 못했다. 이번 7차 기행 때는 일본 측 회원은 참여하지 않고 한국 측 회원들만 참배했다.

> 제7차 21세기 조선통신사 서울-동경 한일 우정 걷기
> 32일 차 (5월 2일)
> 일정 : 교토 산조오하시에서 구사쓰(草津) 역까지 29km

산조오하시 난간 청동(靑銅) 장식물 보고 놀란 옛 사행들

　오늘은 숙소로부터 출발지까지 거리가 멀어서 일찍 이동해야 했다. 이른 아침 식사를 숙소에서 제공해 주지 않아, 전날 저녁에 빵과 주스를 준비해 일행에게 미리 나누어 주었다. 그것으로 아침 식사 대용으로 하고 대절한 시내버스를 타고 출발지인 교토 산조오하시까지 갔다. 참고로 옛 기록을 보면 옛 조선통신사 사행들은 당시 교토(京都) 산조오하시(三條大橋) 난간의 처음 보는 청동(靑銅) 장식물을 보고 놀라움을 금치 못했다고 한다. 산조오하시는 역사적으로 교토를 대표하는 장소였다. 옛 조선통신사들이 일본을 드나들던 에도 시대에는 교토와 에도를 연결하는 도카이도(東海道)의 교토 출발점이었다.

　출발 장소인 산조오하시(三條大橋) 밑 강변에는 일일 참가자들이 많

32일 차 >> 교토-구사쓰 여정도

이 모였다. 출발 전에 스트레칭을 하고, 대마도에서부터 동행했던 이철민 씨가 작별 인사를 남기고 떠났다. 이별의 아쉬움을 달래며 우리는 8시에 출발했다.

활짝 핀 진달래가 아름다운 정원이나 진배없는 교토정수장을 지나 옛 조선통신사도 걸었던 도카이도 옛길을 따라 걸어 나가니 야마나시 지하철역에 도착했다. 그곳에서 잠깐 쉬고, 20여 분을 또 걸어서 긴 고갯마루 중턱에 당도하니 교토시와 시가현 오쓰(大津) 시의 경계

표지판이 보였다. 숨을 몰아쉬며 고개 정상을 넘어 비탈길을 조금 내려가니, 옛 조선통신사가 쉬어가면서 오찬을 먹고 갔던 사찰 '혼초지(本長寺)'가 있다. 우리 일행도 전차(前次)와 마찬가지로 이 절에 들러 가쁜 숨을 고르며 휴식을 취했다. 마음씨 좋은 혼초지의 주지 스님께서 옛 조선통신사와 이 사찰과의 인연을 열심히 설명해 주었다. 이전 회차에도 뵈었던 분인데 그때는 옛 통신사가 주고 간 관음상을 보여주기도 했다. 스님의 이야기를 들은 후, 오쓰시에 있는 시가현청을 지나 이곳 민단본부에 도착했다. 민단 간부들과 교민들이 태극기를 흔들며 환영과 격려를 해줬다. 이어 그분들과 함께 일본에서 제일 큰 비와코(琵琶湖)호수 변에 갔다. 강변의 공원에 가서 교민들이 준비해 온 도시락을 함께 나누어 먹으며 정담을 나누었다.

그때 과거에 조선통신사 옛길을 같이 걸었던 일본 회원이자 재일교포 2세이신 안정일 씨도 그곳에 오셔서 재회의 기쁨을 나눴다. 어떤 연유에서인지 안색이 좋지 않아 어디 아프냐고 물었더니 그렇다고 대답했다. 울컥 눈물이 쏟아질 것 같은 감정을 억누르며 건강이 회복되기를 빈다고 했더니 몸을 잘 추슬러 8차 걷기 때는 자기도 참여할 계획이라고 거듭 다짐했다.

하지만 행사가 끝난 후일 들은 얘기지만 안정일 씨는 우리와 헤어진 후 얼마 되지 않아 8차 걷기를 기다리지 못하고 그만 별세를 하셨다고 한다. 너무도 좋은 분이셨기에 안타까운 마음이 컸다. 처음 조선통신사 서울—동경 한·일 우정 걷기 기행에 참여할 적에는 조국의 산하를 걸으며 "조국이 이렇게 좋은 줄 몰랐다!"라고 연일 감탄하시면서

울기도 많이 우셨던 분이었다. 그리고 한국 일주 걷기 때는 자신의 출생지인 진주의 곤명을 찾아가게 되어 그곳에서 자신의 출생을 입증해주는 주민등록을 발급받고는 어린아이처럼 좋아하셨다. 그분과 이제 다시는 함께 걸을 수 없다니 애석한 마음 금할 수 없었다.

비와코 호수 근처 잔디밭에서 식사를 끝마치자 작별할 시간이 되었다. 홍순언 이사의 선창으로 모두 함께 '만남'의 노래를 불렀다. 이국에서, 그것도 제 나라를 떠나 온갖 냉대와 서러움을 받아가면서 살아가는 교민들과 함께 노래를 부르니 더더욱 마음이 아려왔다. 북받쳐 오르는 감정을 추스르지 못해 몇몇 회원들은 그만 노래를 다 부르지도 못하고 눈물만 흘릴 뿐이었다. 다음 목적지를 향해 발걸음을 옮겨야 하니 하릴없이 교민들을 등 뒤에 남겨놓고 걸어가야 했다. 우리를 전송하는 얼굴과 손짓들이 쓰라리게 마음에 밟히었다.

이 일정에서 옛 조선통신사는 세다(瀨田)의 가라하시(唐橋)를 지나 모리야마(守山)에서 유숙했는데 우리 일행은 구사쓰(草津)에서 숙박을 했다. 비와코 호수의 하구로 내려와 구사쓰 시의 다케베 신사(建部大社)에서 휴식을 취하고 오후 5시 15분에 구사쓰 역에 도착했다.

거기까지 가는 동안 웃지 못할 해프닝도 있었다. 박윤희 교수와 내가 속이 좋지 않아 화장실을 들른 사이 안카(후미)를 맡은 히라유 헤이타로(針生平太郎)씨를 비롯해 우리 세 명이 일행을 놓쳐서 코스를 잃어버리고 말았다. 이 무슨 창피인가. 리더를 자처하는 우리가 이 무슨 꼴인가. 결국에 가나이 미키오(金井三喜雄)씨가 차로 우리를 데리러 오셨고, 그래서 무사히 일행들과 합류할 수 있었다.

조선통신사 사신들이 보고 놀랐다는, 산조오하시(三條大橋) 다리 청동장식물을 지나는 참가자들

교토정수장의 잘 가꾸어진 화초들

교토 출발 장소인 산조오하시 밑 강변에서 준비체조를 하는 걷기 참가자들

비와코 호수 주변을 힘차게 걸어 전진하는 한·일 우정 걷기 참가자들

휴게실

바다처럼 보이는 호수 '비와코(琵琶湖)'

옛 조선통신사들은 비와코를 지나면서 "이것이 바다인가, 강인가?"라고 물었다고 한다.

일본 시가현에 있는 호수로 면적이 무려 670㎢(참고로 서울시 면적 605㎢)로 시가현 전체 면적의 6분의 1을 차지할 정도로 광활한, 수백만 년의 유구한 역사를 자랑하는 일본 최대의 호수다. 이 호수의 둘레가 241km로 제주도 둘레와 비슷하다. 호수의 평균 수심은 41.2m, 최대깊이 103.58m로 세계에서 2번째로 큰 호수라고 한다. 여기에서 매년 호수 주변 한 바퀴를 도는 걷기대회가 열린다고 한다.

제7차 21세기 조선통신사 서울-동경 한일 우정 걷기
33일 차 (5월 3일)
일정: 구사쓰 역에서 오우미하치만시까지 21km

조선인가도·비와코호수변
한·일 우호 걷기 대회 열리길

아침 5시 50분, 숙소인 레아 호텔에 큰 짐을 호텔 로비에 내려놓고, 6시에 호텔에서 아침을 먹었다. 그리고 7시 20분에 호텔 미니버스로 호텔을 출발해 출발지인 구사쓰 역에 도착했다. 역에는 한국 구간을 함께 걸었던 마츠이 전 부산총영사가 동행하기 위해 나와 계셨다. 오랜 친구를 만난 듯 모두 기뻐했다. 그리고 구사쓰 교육위원회 교육부장이신 이카와 데츠오 부장과 직원이 우리를 격려하기 위해 나와 계셨다. 우리는 이카와 부장의 환송 인사말을 듣고 8시에 구사쓰 역을 출발했다.

이 구사쓰 역에는 한 가지 잊지 못할 추억이 있다. 4차 기행 때인 것으로 기억하는 일이다. 그 당시 우리는 아침에 출발하기 위해 역에

서 준비운동을 하고 있는데 어떤 젊은 청년이 와서 인사를 했다. 그리고는 다음 기회에는 가능한 우리와 함께 걷겠다고 약속했다. 알고 보니 그분은 일본의 참의원이었다. 사실 우리는 5차 때 다시 구사쓰 역 앞에 모일 때까지도 그분을 기억조차 못 하고 있었다. 그러나 참의원은 처음 만날 적과 똑같이, 우리가 출발 준비를 하고 있을 때 함께 걷겠다고 찾아와서는 그때의 약속을 지키기 위해 왔다며 웃어 보였다.

우리는 너무 놀랍고 당황스러웠다. 자기가 한 말에 책임을 질 줄 알고 신뢰를 지키는 일이 얼마나 믿음직스러운 일인가를 절감했던 순간이다. 그 후 6차 기행 때 우리가 다시 구사쓰 역에 갔을 때는 시가현지사가 되어 현청 앞에서 환영식을 해 주기도 했다. 구사쓰 역 건물을 보면서 그분의 멋진 행동을 다시금 떠올려 봤다.

오늘 코스에는 '조선인가도(朝鮮人街道)'가 있다. 이 길은 야스(野洲) 시의 경계에 들어선 뒤 모리야마(守山) 시로 접어든 곳에서 하코네에 이르는 약 42km 정도 되는 국도다. 이 길은 원래 오다 노부나가 아즈치조(安土城)를 만들 때 정비한 길이었는데, 도쿠가와 이에야스가 세키가하라 전투에서 승리한 뒤 그 기념으로 '기치레이의 길(吉例の道)'이라는 이름을 붙였다. 교카이도, 혹은 하마카이도(浜街道), 고쇼카이도(御所街道)라고도 불렸는데 이름에서도 알 수 있듯이 쇼군 외는 아무도 다니지 못하는 길이었다. 그랬던 길이 막부에서 조선통신사가 걸을 수 있도록 허락한 이후 '조선인가도'라는 이름을 얻게 되었다. 쇼군만 걷던 길을 내준 만큼 그 당시에는 조선통신사를 꽤 높은 수준으로 예우해 준 것으로 추정된다. 한국인과 일본인들이 서로를 인격적으로 대하고 서로 예우한 사례라 하겠다. 그때의 교린(交隣·조선시대 중국 이외의 다른 나라들에 대한 우호적인 외교정책) 우호 정신을 기리고 계승하기 위해, 필자는 이곳 조선인가도에서 '조선인가도 걷기대회'를 개최해보면 어떨까 하는 기획을 생각해 봤다. 한국인과 일본인들이 함께 하는 걷기 대회를 비와코 일주와 연계해 진행하면 좋은 구성이 될 것 같다.

도착지인 오미하치만(近江八幡) 시는 옛날부터 상업이 발달하고 상인들이 많은 부자 동네였다. 에도 시대 때는 이곳 상인들이 에도의 상권을 좌지우지할 정도였다고 한다. 맨소래담 본사도 이곳에 있다. 그런 한편 300년 이상 된 옛날 기와집도 많이 있어 고풍스러운 분위기가 물씬 느껴진다. 옛 조선통신사는 이곳에서 도몬인(東門院)에 묵은 뒤 니시혼간지에서 휴식했고, 그들이 머문 절에는 통신사 사행들이 쓴 시와 휘호가 남아 있다. 전회차에 그 절에 들렀을 때는 차 대접을 받으며 그 시와 휘호들을 구경할 수 있었다. 그러나 오늘은 그 사찰의 옆길로 지나쳐 왔다. 우리도 옛 사행들처럼 오미하치만 시에 있는 호텔 하치만에 숙소를 정하고 오후 3시 15분에 일정을 종료했다.

구사쓰 역을 출발해 오우미하치만시를 향해 '조선인가도(朝鮮人街道)'를 걷는 참가자들

제7차 21세기 조선통신사 서울-동경 한·일 우정 걷기

34일 차 (5월 4일)

일정: 오미하치만에서 히코네성까지 27km

히코네 소안지(宋安寺)의
통신사 환대의 지혜·묘수

    옛 조선통신사 일행은 모리야마를 출발해 오미하치만(近江八幡)에서 점심을 먹고 히코네 성까지 걸었다.

    그러나 우리 21세기 조선통신사 걷기 일행은 오늘 오미하치만 시청을 출발해 히코네 성까지 걷기로 계획되어 있다. 다른 날과 같이 6시에 짐을 챙겨 로비에 내려놓고, 6시 30분에 식사를 하고 07시 20분에 호텔을 출발해 오미하치만 시청으로 갔다. 연휴인데도 불구하고 문화관광과장을 비롯한 시 직원들이 나와 우리 일행을 맞을 준비로 분주했다. 시청사 현관 앞에서 간단한 출발식을 했다. 출발식에는 시장이 일정상 참석하지 못했지만, 문화관광과장이 시장의 메시지를 대독해 주었다. 그는 "양국 정치 상황은 어떻든 옛 조선통신사의 성신 우

34일 차 오우미하치만-히코네 여정도

호 정신을 이어받아 민간레벨에서의 양국 우호 관계를 지켜나가는 것은 매우 중요하다"라며 "여러분이 21세기 조선통신사가 되어 그 일을 담당하고 있기에 도쿄까지 무사히 완보하기를 바라며, 소기의 목적을 달성하기를 염원한다"라고 강조했다.

식을 마치고 8시에 시청사를 출발해 히코네를 향해 발걸음을 재촉했다. 얼마 가지 않아 '조선인가도(朝鮮人街道)'라는 안내표지가 곳곳에 설치된 길로 들어섰다. '조선인가도' 양편에는 전원적인 시골 풍경과 아름다운 산야가 늘어서 펼쳐져 있었다. 한국의 한적한 농촌 풍경이 연상되는 풍경이었다.

얼마를 더 걸어갔을까. 일본 통일의 3대 거인인 오다 노부나가가 1570년에 축성한 것으로 추정되는 아즈치조(安土城)에 도착해 휴식을 취했다. 유적의 안내 간판을 읽을 겨를도 없이 리더인 야나기다 씨가 또 갈 길을 재촉했다. 떨어지지 않는 발길을 옮겨 30분 정도 지났을 때 운 좋게도 어느 시골 마을의 축제행렬을 만났다. 이 축제의 의미는 모르겠으나 중간에 어린아이를 태운 가마가 있고 그 앞뒤로 어른들이 길게 늘어서서 행진하고 있었다. 행렬을 보고 있자니 2년 전에도 그 축제를 본 기억이 났다. 늘 이맘때 하는 축제인 모양이다. 축제행렬을 지나쳐서 우리는 아이치가와(愛知川)를 건너 히코네(彦根)로 접어들었다. 오늘 점심 식사는 서울에서부터 동행하고 있는 83세의 재일교포 김승남 씨의 배려로 편의점에서 점심 도시락을 사 주셨다. 허기진 배를 채우고 나서야 뒤늦게 감사한 마음을 전달했다.

옛 통신사 일행은 히코네(彦根)의 소안지(宋安寺)에서 유숙했다. 이곳 사찰 입구의 문은 붉은색인데, 특이하게도 정문에서 남쪽으로 떨어진 곳에 검은색으로 칠해진 문(黑門)이 따로 나 있다. 무슨 의미인가 하니 히코네가 통신사를 대접하기 위해 지혜를 짜낸 흔적이었다. 조선통신사에 대한 대접이 아주 융숭했던 히코네는 옛 통신사에게 특별한 음식으로 고기를 대접하려 했다. 그러나 사찰의 정문으로 육류를 반입하는 것은 무엄하다고 생각되었기에 별도로 들일 작은 문을 따로 만

걷기 강행군에 지쳐 쥐가 난 한 참가자가 응급 발 마사지를 받고 있다

히코네(彦根)에서 편의점 도시락으로 점심을 해결한 후 물을 마시는 참가자들

든 것이다. 만약 조공을 위한 사절이라고 했다면 이렇게까지 영접과 환대를 했겠는가. 오늘날 한·일 관계에서는 생각조차 해 볼 수 없을 정도로, 정성을 들인 접대였다.

히가시오미(東近江) 어느 시골 마을의 축제 행렬

히코네성을 배경으로 잠시 멈춘 참가자들

히코네(彦根)성 앞에서의 단체 사진

| 제7차 21세기 조선통신사 서울-동경 한일 우정 걷기 |
| 35일 차 (5월 5일) |
| 일정 : 일정 : 히코네(彦根) 시민관에서 다루이까지 34km |

일본 역사를 바꾼 하루 전쟁 '세키가하라' 전쟁터

　숙소에서 히코네 시민회관까지 약 2km가 되는데 아침 6시에 아침을 먹고 7시에 숙소를 나섰다. 오늘의 출발지로 가는 도중에 어제까지 같이 걸었던 회원 장정길 씨의 아들 장홍국 씨가 귀국하게 되어 히코네 기차역에서 작별 인사를 나누었다. 그가 어제 저녁 식사 때 남긴 말이 내 귀에서 맴돌았다. 처음 해외에 나가는 아버지가 걱정되어 이 걷기 기행에 따라 참가한 그는 한국 구간을 걸을 때도 아버님이 모르게 충주까지 두 번이나 왔다 갔다고 한다. 요즘 시대에 저런 효자가 있을 수 있을까 하는 생각이 들었다. 정말 멋진 친구를 떠나보내는 아쉬움을 달래며 출발지인 시민회관으로 갔다.

　시 담당과장이 나와 시장의 격려사를 대독했다. 우리는 홍순언 이

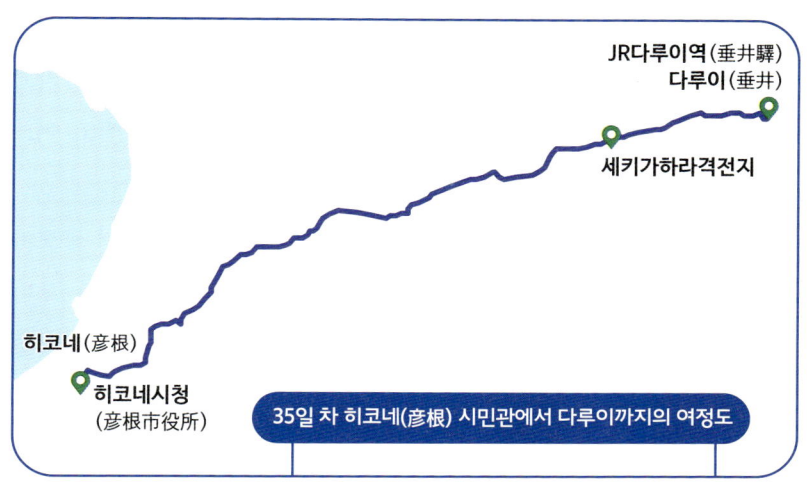

사의 선도에 따라 스트레칭을 하고 다루이까지 고달픈 34km를 걸어야 했다. 출발한 지 얼마 되지 않아 지금까지 걷고 있던 조선인가도가 끝이 나고 이제 나카센도를 따라 걷기 시작하였다.

  삼나무 숲길을 따라 경사진 고개를 올라갔다. 숨이 차서 저마다 헐떡거리며 걸어 오르니 고갯마루 정상에는 망호정(望湖亭)이 있었다. 옛 조선통신사 사행들은 이 망호정에서 비와코 호수를 바라보며 그 절경에 취해 시라도 한 수 읊었겠지만, 우리가 그 자리에 서니 옛 절경은 어디로 사라지고, 엘리베이터 시험용의 높은 건물 하나가 우뚝 서서 아름다운 절경을 가로막고 있었다. 옛 모습을 흩어버린 현대의 풍경에 아쉬움을 느끼면서 우리는 또 걸었다. 중간에 편의점에서 도시락을 사서 들고 2km 가다가 물 맑은 동네 개울가에 앉아 밥을 먹으니 국민학교 시절 소풍가던 추억의 기분을 되새김할 수 있었다. 이 또한 잊지 못할 추억거리였다.

이후 이어지는 코스에는 옛것을 살리며 정돈된 거리와 집 그리고 정원들이 펼쳐져 있어 사뭇 부러운 마음을 삼켜야 했다. 그리고 어느덧 우리가 가보고 싶었던 세키가하라 전투지역에 도달했다.

'세키가하라 전투(関ケ原の戦い)'는 1600년 10월 21일 아즈치 모모야마 시대에 세키가하라에서 일어난 전투다. 단노우라(壇浦) 전투, 도바(鳥羽)·후시미(伏見) 전투와 함께 일본 3대 전투 중 하나로 일본이 중세에서 근대로 도약하는 분수령이 된 사건이다.

도요토미 히데요시 사후, 그의 신하였던 두 인물을 중심으로 일본 전국의 다이묘가 동군과 서군으로 나뉘어 싸운 전쟁이다. 승자인 도쿠가와 이에야스는 이 전투 이후 사실상 확고부동한 승자의 자리에 올라 에도 막부(江戸幕府·강호막부)를 세웠다. 그리고 이 전투를 끝으로 일본의 전국시대가 사실상 막을 내렸다.

일본 열도에서 500여 년이나 이어진 기나긴 중세 시대가 끝나고 그 후 약 270년간 이어지는 근세 에도 시대로 들어선다. 불과 하루 일어난 전쟁인데, 이 전투가 일본의 역사를 송두리째 바꾸었다. 무엇보다도 일본 역사에서 오랫동안 '오랑캐의 땅, 변방 지역'으로 여겨져 온 간토(関東) 지역이 역사의 중심 무대로 등장하는 전기가 마련되었다는 게 놀랍다. 이 전투를 계기로 언어·생활문화 등에 있어서 확연하게 다른 간토와 간사이 지역민들 사이에 지역감정과 갈등의 골이 깊어졌다는 점도 부인할 수 없다.

에도 막부를 세운 도쿠가와 이에야스가 임진왜란으로 단절된 조선과의 국교를 새로 정립해 맺은 외교사절이 바로 통신사 사절단이다. 당시 에도에서 조선통신사 행렬을 위해 동원된 사람만 33만 명, 말이 7만 7천 6백 필 동원되었다. 그만큼 많은 물자와 배 등의 운송수단 등이 동원되었다고 한다. 사람과 말의 조달, 물자의 운반, 숙식비에 이르기까지 어마어마한 경비가 들었고, 이는 당시 일본 국가재정의 1년 치인 100만 량이나 되었다고 한다.

그때 선조들이 그 융숭한 대접을 받으며 가셨던 그 길을 우리가 오늘 걷고 있다. 어쩌면 한 많은 길이기도 하고, 고난의 길이기도 하지만, 그래도 우리 조상들이 우리의 선진문물을 일본에 전하기도 한 의미 있는 길이기도 하다. 특히 중요한 것은 통신사가 오가는 기간만큼은 한국과 일본이 서로 상대국을 존중하고 신의로서 우호를 증진했을 뿐만 아니라 그 후 근 200년 동안 평화가 유지되었다는 사실이다.

오늘의 마지막 도착지인 다루이에 도착하니, 하야세 오카키관광협회장님을 비롯해 우리가 홈스테이를 할 집 주인들이 환영한다는 피켓을 들고 우리를 기다리고 있었다. 간단한 도착식을 치른 뒤 숙박할 파트너를 연결해 주고 각각 헤어졌다. 아마 내일 아침이면 좋은 얘기들이 쏟아져 나올 것이다. 이것이 바로 평화를 사랑하고 양국이 상생하는 풀뿌리 외교가 아니겠는가!

한편 안타까운 소식도 있었다. 우리를 2년 후에 다시 만나겠노라고 하면서 자전거를 타고 우리 일행을 환송해 주시던 92세 어르신께서 돌아오지 않을 먼 길을 떠나셨다고 했다. 애통할 뿐이었다.

히코네(彦根) 시민회관 앞에서 힘차게 하루 일정을 시작하는 참가자들

망호정을 향해 비탈길을 오르는 엔도 회장과 김승남 회원

보행자 터널을 통과는 조선통신사 옛길 한·일 우정 걷기 참가자들

편의점에서 구입한 도시락

다루이에 도착해 현지 홈스테인 주인들과 상견례를 하는 참가자들

제7차 21세기 조선통신사 서울-동경 한일 우정 걷기
36일 차 (5월 6일)
일정 : 다루이에서 오와리이치노미야(尾張一宮)까지 37km

다루이에서 펼친
풀뿌리 민간외교

　다루이에서는 오랜만에 호텔이 아닌 민간 집에서 홈스테이를 하게 되었다. 홈스테이는 새로운 사람과 새로운 가정문화를 이해할 수 있는 의미 있는 일이기는 하지만 동시에 여간 조심스러운 일이 아니다. 특히 외국인(일본)의 집에서는 더욱 그러하다.

　필자는 오카키 관광협회장님 댁에서 머물게 되었다. 전회차에서도 이 집에서 잤기 때문에 가족들과도 안면이 있는 사이라 다소 부담감은 덜 했지만 그래도 신세를 지는 셈이라 서먹서먹하기란 마찬가지였다. 협회장님 부부는 아들·며느리·손자·손녀와 함께 사신다. 3대가 머무는 집이지만 집이 커서 넉넉할뿐더러 조용했다. 사모님께서 손수 만들어 주시는 음식들이 맛있었다. 사모님은 영어도 잘하시고

36일 차 다루이-이치노미야 여정도

품위 있는 여성이었다. 사모님은 한국에 대해 궁금해하며 이런저런 이야기를 더 하고 싶어 했으나 나는 피곤했고, 내일 일정에 대한 중압감 때문에 양해를 구하고 밤 10시에 일찍 잠자리에 들었다. 정갈하게 새로 준비한 잠옷을 비롯하여 깔끔한 침구 등 세심한 배려와 정성을 다한 애정 어린 마음씨에 감사한 마음으로 깊은 잠이 들었다.

아침에 일어나니 벌써 간단한 아침 식사 준비를 해 주셨다. 7시에 이별을 고하는 기념촬영을 하고, 다루이 역에 도착하니 벌써 도착한 팀이 있었다. 일행들은 저마다 어젯밤 묵은 집 자랑과 초청 가족들과 함께 보낸 에피소드를 늘어놓느라 와자지껄했다. 간만에 기분 좋은 활기가 넘쳐났다. 다루이 역 광장에 모두가 도착해 간단한 출발식을 가진 뒤 한·일 모든 이들이 손에 손을 잡고 아리랑을 부르고는 홈스테이한 집주인들에게 감사의 인사를 하며 출발했다. 이런 기회를 통해 민간인 간에도 우정을 돈독히 해, 양국의 신뢰를 쌓는 풀뿌리 민간외교를 하고, 이를 통해 국가 간에도 신뢰를 깊이 쌓아 상생의 이웃이 되기를 모두가 희망했다.

출발한 지 얼마 되지 않아 잉어와 나비 장식이 즐비하게 들어서 있는 하천이 나왔다. 그러고 보니 어제가 5월 5일로 일본에서는 '남자아이의 날'이었다. 이날은 어린이들이 튼튼하게 자라기를 바라며 잉어와 나비 장식을 달아놓는다. 어른들의 뜻과 사랑이 담긴 장식인 셈이다. 이윽고 나카센도(中仙道)와 미노지(美濃路)로 갈리는 두 갈래 길이 나왔다. 우리는 나고야까지 연결되는 옛 간선도로, 미노지를 따르기로 하고, 오카키(岡喜)로 향했다.

엊그제 오카키(岡喜) 관광협회장인 하세가와 씨에게 듣기로는 우리 일행을 위한 환영 퍼레이드가 준비되어 있다고 했다. 그래서 기대를 잔뜩 갖고 있었는데, 막상 행렬을 보니 우리나라의 풍물패처럼 농악을 울리는 것도 아니고, 그저 모양만 비슷한 악기만 갖고 나와 행렬을 갖추어 걸으면서 퍼레이드 흉내나 내고 있었다. 엔도 회장이 "악기를 연주하라!"고 고래고래 고함을 질러도 사람들은 악기를 연주하지 않다가 워낙 성화를 부리니 악기에 손을 대기 시작했다. 마지못해 연주하는 악기 소리는 우리를 또 실망의 도가니로 밀어 넣었다. 그것은 역시 제대로 된 악기가 아니라, 장난감과 같은 악기였다. 그렇게 한바탕 파안대소하는 사이 오카키 시청에 도착했다.

환영식을 하고 단체 기념사진을 찍은 후 조선통신사가 유숙한, 후나미치가의 센쇼지(專昌寺)에 들러 간략한 해설을 들었다. 오카키시 향토관에는 통신사의 인형과 조선의 가마가 전시되어 있었다. 향토관에서 멀지 않은 곳에 이 길목에서 옛 조선통신사 숙소로 큰 역할을 했던 오카키숙(岡喜宿) 앞에 당도하니, 여기도 역시 유네스코 기록문화유산과 관련한 기념비를 새로 세웠다. 한국은 내가 알기로는 조선통신사 기록문화유산 등록을 기념하는 비를 세운 곳은 아직 한 곳도 없는 것으로 안다. 또다시 착잡한 마음이 들었다.

오카키에서 오와리이치노미야(尾張一宮)까지는 강을 네 개나 건너야 했다. 그래서 옛날 통신사는 강에 배다리(舟橋)를 놓아 도강했는데, 거기에 쓰인 큰 배가 50척, 작은 배가 220척, 그리고 배다리를 만드는데 까는 판이 3,300개나 되어 다리의 길이가 자그마치 855m나 되었다고 한다. 이곳 역사 민족 자료관에 전시된 자료를 보니 배다리의 모습은 정조대왕이 어머님의 회갑연을 위해 수원행궁을 행차할 때 한강에 놓은 배다리(舟橋)와 비슷했다. 그리고 통신사가 건널 다리를 만드는 데 거의 4개월이나 걸렸다는 설명도 들을 수 있었다. 그러한 강을 우리는 이미 잘 만들어진 교량으로 쉽게 건너고 있으니 상전벽해다.

도착하기 한 시간 전, 기소가와에서 내리기 시작한 비가 이치노미야 역에 도착할 때까지 내렸다. 비가 오는 중에도 37km를 무사히 걸었다.

한·일 우정 걷기 홍형단 회원이 함께한 홈스테이 가족들과 함께하는 가정식

'남자아이의 날'을 축하하는 잉어 장식들

옛 조선통신사 숙소 오가키숙(岡喜宿) 앞의 유네스코 기록문화유산 기념비 앞 기념사진

열렬한 환영을 받으며 오와리이치노미야(尾張一宮)에 도착하는 조선통신사 한·일 우정 걷기 참가자들

> 제7차 21세기 조선통신사 서울-동경 한일 우정 걷기
> **37일 차 (5월 7일)**
> 일정 : 오와리이치노미야역에서 나루미(鳴海)역까지 37km

가토 기요마사(加藤淸正) 동상 바라보며 회한에 잠겨

오늘은 8시에 이치노미야 역 북쪽 광장에서 출발식을 했다. 기요스성(淸洲城)에 가까워졌을 때였다. 이전 회차까지만 해도 한국에서 온 목사님이 주민들과 함께 우리를 반기곤 했는데, 올해는 그 목사님은 보이지 않고, 사가와 씨 등 지역유지 몇 분과 시 직원 2명이 나와 목을 축일 녹차를 많이 준비해 우리에게 나누어 주었다. 얼마나 고마운가. 이때 시간이 10시 반 정도였다. 우리는 기요스 성을 배경으로 기념사진을 찍고 기요스 성 건너편에 있는 오다 노부나가 내외의 동상을 보았다. 오다 노부나가는 부인과 금슬이 너무 좋아 다른 곳에 있던 부인의 동상을 일부러 그의 동상 옆으로 옮겨 왔다고 한다. 우리는 그 후 곧장 나고야 방향으로 걸었다.

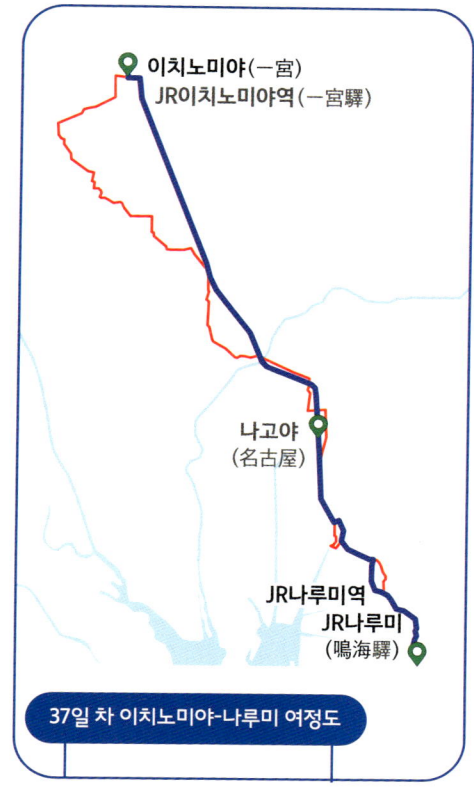

37일 차 이치노미야-나루미 여정도

한참을 걸어 기요스 시내의 주택가에 들어서니 우리가 여기 갈 때마다 환영해 주시던 한기덕 씨가 아이스크림을 사 들고 호탕한 웃음을 지으며 나타나셨다. '21세기 조선통신사 환영'이라는 피켓을 든 여인들도 함께 나타나 우리를 반겼다. 한기덕 씨는 말씨가 투박한 달변가이자 열정도 대단한 분이다. 그분 덕분에 6차 기행 때는 조선통신사가 어느 절에 남긴, 금박으로 된 팔폭짜리 병풍을 관람할 수 있었다. 이번에는 묘렌지(妙蓮寺)에 기념 식수를 할 수 있도록 주선하신 분이기도 하다.

얼마 가지 않아 편의점에서 도시락을 사서 들고 나고야성 외곽에 있는 가토 기요마사 동상에서 휴식을 취한 후 건너편 스포츠시설이 있는 곳에 가서 도시락으로 점심을 먹었다. 거기서 회원 누군가가 화장실을 급히 찾았으나 화장실이 없어 홍역을 치렀다.

전차(前次) 걷기 행사 때는 가토 기요마사의 동상이 있는 공원에서

에도를 향해 옛길을 걷다! 279

점심을 먹었는데, 그곳에는 잔디가 있어 휴식을 취하기도 좋고 화장실도 있었다. 그런데 이번에는 무슨 이유인지 장소를 바꾸어서 화장실도 없는 이곳에서 휴식하기로 계획되었는지, 이해가 가지 않았다. 그러나 일본의 옛길에는 화장실이 잘 갖추어져 있었다고 기록들은 전하고 있다.

    옛날 일본의 거리 척도는 1리가 4km였는데, 조선 척도로 치면 10리 정도 되는 거리였다. 일본에선 그 1리마다 좌우로 돈대(墩臺)를 쌓고 그 위에 나무를 심고는, 그것을 사도쓰카(里塚)라 불렀다. 사도쓰카는 길 리 수를 쉽게 가늠하게 하는 그 시절의 이정표인 셈이다. 이를 기준으로 1리 사이에는 반드시 길가에 화장실을 만들었으며, 그 사이에 찻집을 지어 오가는 이들이 쉬어갈 수 있도록 했다고 [해사일기]에서는 전하고 있다. 그런데 요즘은 화장실을 찾기가 무척 힘들다. 한국서는 주유소의 화장실을 마음대로 이용할 수 있지만, 일본은 그렇지 않다. 대신 편의점에서는 가능하다.

    우리는 기요스시(清須市)와 나고야 사이에 있는 강을 지나면서 길은 미농지에서 다시 도카이도로 접어들어 걸었다.

    옛날 조선통신사는 아침 8시에 오카키를 출발해, 스노미타에서 점심을 먹고, 나고야 쇼고인(性高院)에 21시에 도착했다고 한다. 41km를 16시간이나 걸은 것이다. 이렇게 이동이 많이 걸린 이유는 쓰시마 번 무사 2명이 말을 타고 국서가 든 가마 앞을 가로질러 갔기 때문이다.

    우리도 8시에 이치노미야 역 북쪽 광장을 출발해 나루미 역까지 37km를 10시간이나 걸었다. 나루미 역 도착 전에 본 어느 공원에는

오다 노부나가가 성주로 있었던 기요스성(清州城) 전경

나고야에서 환대를 베푼 한기덕 씨와 반갑게 악수하는 필자

조선 시대의 것으로 보이는 능, 그리고 그 앞에 세워진 문인·무인석이 있는 것으로 보아 조선과의 거래가 있었음을 볼 수가 있었다.

    리더의 설명에 의하면, 조선에 화물을 싣고 갔던 배가 돌아올 때 능 앞에 세운 문인석과 무인석을 가져오곤 했는데 문물 교류의 목적도 있었지만 무거운 돌을 배 밑바닥에 실어 배의 균형을 잡기 위한 실용적인 용도도 있었다고 한다. 나루미(鳴海) 역에 도착해 오늘 코스를 완보한 참가자들에게 필자가 사단법인한국체육진흥회가 발행한 '완보증'을 수여했다. 숙소인 도요코인 나고야에키마에 호텔로 가기 위해 전차를 타고 이동했다.

제7차 21세기 조선통신사 서울-동경 한일 우정 걷기
38일 차 (5월 8일)
일정 : 나고야 문화답사

나고야 '묘렌지'에 기념 식수(植樹)하다

오늘은 나고야에서 문화답사를 하는 날이다. 미츠비시(三麥)를 비롯한 군수산업의 주요 기지였던 나고야는 1945년에 미군의 공격을 받아 도시의 절반이 폐허가 되었다.

그러나 전후에 열심히 재건되었다. 그 결과 나고야는 옛것을 보존한 고풍스러운 모습도 있고, 신도시계획으로 새로 지어진 주택과 건물 그리고 도로가 놓인 모습도 갖게 되어 옛 모습과 오늘날의 현대적 모습이 조화를 이루는 도시가 되었다.

오전에는 휴식을 취하고 12시 30분에 일행들과 호텔 주변에 있던 코코(Coco) 식당에 가서 일본식 카레로 점심 파티를 했다. 러시아 블라디보스토크 걷기협회장인 블라디미르 회장이 이 자리에 함께했다.

블라디미르 씨는 필자가 함께 통신사 길을 걷자고 권유해 참가했는데도 한 번도 정다운 시간을 갖지 못하던 차였다. 그래서 오늘 그와 함께 통역으로 고생하시는 이혜미자 씨, 이성임 씨, 김승남 씨도 초청해 함께 점심을 먹고 나니 뭔가 걸린 듯한 기분이 좀 나아지는 것 같았다.

점심 식사 후 오후 1시 50분에 아이치 현대의 조선통신사 연구회 회원인 송재복 씨가 우리를 맞이하러 왔다. 우리는 그를 따라 나고야 시내에 있는 오스칸논(大須觀音)이라는 사찰에 가서 휴식시간을 가진 후, 묘렌지(妙連寺)로 가서 기념 식수를 했다. '묘렌지'와는 그 이름처럼 묘한 인연이 있는 곳이다.

2년 전 6차 기행 때 이 절을 방문했는데 이 절에 조선통신사 파견 400주년 기념 식수가 심겨져 있었다. 그래서 필자가 우리도 7차 기행 때 다시 오면 기념 식수를 했으면 좋겠다고 주지 스님께 말씀을 드렸더니, 주지 스님이 그러자고 약속을 하셨다. 그 후에 우리는 그 약속에 대해서는 까맣게 잊고 있었는데 주지 스님이 그 약속을 기억하시고 지켜주셔서 기념 식수를 할 수 있게 되었다. 2년 전의 약속 하나로 성립된 뜻깊은 행사인 셈이다. 기념 식수 행사장에는 이웃의 유지들도 함께 참석해 뜻깊은 행사를 지켜봤다. 고마움과 더불어, 가볍게 한 말에도 책임을 지면 이렇듯 신의를 쌓을 수 있다는 교훈을 가슴에 한 번 더 되새겼다.

바로 옆에 있는 큰절로 옮겨 조선통신사가 선물로 주고 간 것으로 추정되는 학 그림 한 점과 휘호 한 점을 관람했는데, 사찰에서는 그 그림들을 매우 귀중하게 취급하고 있었다. 우리에게 그림의 출저를

물어보았는데 우리도 아는 바가 없어 확실한 대답을 못 했다. 귀국 후 좀 알아봐 달라는 부탁에 고개를 끄덕여 주었다.

일행은 자리를 옮겨 '아이치 현대의 조선통신사 연구회'가 마련한 환영 만찬회에 참석했다. 만찬회는 한기덕 씨의 사회로 진행되었다. 화기애애한 분위기 속에 한국인들과 재일교포들이 어울려 고국을 떠나 이국에서 사는 서러움과 고향의 소식을 전하면서, 한 민족·한 형제로 애틋한 정을 나눌 수 있는 시간을 갖는 게 의미 있는 일이었다.

어느덧 분위기가 무르익고 얼근히 취기가 오르자 일본인 회원들까지 기분이 상승할 때쯤 엔도(遠藤靖夫) 회장이 분위기를 더욱 돋우어, 즐거운 여흥시간을 가졌다. 마지막에는 참석한 모두가 손에 손을 잡고 '후루사토'와 '아리랑'을 불렀다. 몇 번이고 함께 불러본 노래지만 부를 때마다 애틋한 감흥이 드는 것 같았다. 그렇게 아쉬운 작별을 나눴다.

우리는 30분을 걸어서 숙소인 토요코인호텔에 도착했다. 이날 오후에 한국에서는 오영란 씨가, 일본에서는 삿포로에서 온 이나가키 유키씨가 합류했다. 내일부터 동행하게 될 동료들을 얻게 되어 더욱 힘이 솟구쳤다.

조선통신사 옛길 한·일 우정 걷기 삼사 역을 맡아 의복을 입은 참가자들(정사 박윤희·부사 박해용·종사관 박태수)

제7차 21세기 조선통신사 서울-동경 한·일 우정 걷기 기념 나고야 묘연사에서의 기념 식수

조선통신사가 그려주고 간 학 그림과 서예 족자

'아이치 현대의 조선통신사 연구회'가 마련한 환영 만찬회

> 제7차 21세기 조선통신사 서울-동경 한·일 우정 걷기
> 39일 차 (5월 9일)
> 일정 : 나루미에서 오카자키까지 29km

도쿠가와 이에야스(德川家康)의 고향, '평화 도시' 오카자키시

    오늘은 숙소와 출발지가 상당히 떨어져 있어, 서둘러서 출발지인 나루미 역에 가지 않으면 안 되었다. 아침 일찍부터 전철을 타기 위해 나고야 전철역으로 발걸음을 재촉했다. 마음이 급해서 그런가, 이전 회차에는 미처 보지도 못한 건물들이 유난히 많고 높아 보였다. 하늘을 찌를 듯한 빌딩 숲속에서 잠깐 방향 감각을 잃었다. 그 탓에 하마터면 나루미 역으로 가는 전차를 놓칠 뻔했다.

    7시 30분경에 나루미 역에 도착하니 아이치현 걷기협회(愛知縣 WALKING協會) 회원들이 벌써 많이들 나와 일일 참가신청을 하고 있었다. 신청을 서둘러 접수하고 바로 출발식을 시작했다. 이곳에서는 재일본대한민국민단 아이치현 명남지부장이신 이학지 단장님이 나오

서서 환영 인사와 무사히 동경 도착을 기원하는 인사말을 해 주셨다. 출발식 후 발걸음을 재촉해 도카이도(東海道)를 따라 약 4km쯤 걷자 400년의 역사를 가진 염색 마을인 아리마츠(有松)에 도착했다. 5~6차 기행 때까지만 해도 우리 일행에게 차 대접을 하는 등 요란스러웠는데, 오늘은 몇몇 사람이 일본 국기와 대한민국 태극기를 들고 길에 나와 환영을 해 주었을 뿐이다. 조금은 섭섭한 마음이 뇌리를 감돈다

옛날 통신사는 나고야에서 출발해 나루미에서 점심을 먹고, 오카자

키(岡崎)에서 자는 것이 관례였지만, 우리 일행은 나루미 역에서 출발하여 지류 신사(知立神祠)에 잠깐 들렀다. 그곳 역시 갈 때마다 우리를 반겨주면서 이 지방의 명물인 찹쌀떡을 내주던 곳인데 이번에는 반기는 사람이 아무도 없었다. 조금 서운한 마음을 달래며 잠깐 휴식을 취한 후, 곧장 발걸음을 옮겨 안조시(安城市)에 도착했다.

매번의 기행마다 안조시(安城市) 공원이나 로쿠엔 양식당에서 우리에게 식사를 대접해 주시는 니시가와 씨 노부부가 올해도 로쿠엔 양식당에 점심을 예약해 두고 우리를 기다리고 계셨다. 니시가와 씨는 2006년에 일본인들 중심으로 한국 일주를 할 때 회장을 맡은 분으로 필자와는 오랜 친분을 맺어오고 있다. 점심을 맛있게 먹었으나 갈 길이 먼 나머지 반갑고 고마운 마음을 제대로 표현도 못 하고 서둘러 목적지를 향해 발길을 옮겼다. 지루하고 무거워진 발걸음을 이끌고 도쿠가와 이에야스의 출생지인 오카자키를 향해 열심히 걸었다.

오카자키시(岡崎市)는 도쿠가와 이에야스(德川家康)의 출생지로 시민들 역시 자부심이 대단하고, '평화의 도시'라고 부른다. 평화를 실천하는 도시라서 그러는지는 몰라도 시가지 곳곳에 조선통신사에 관한 돌조각과 평화를 상징하는 돌조각물들이 장식되어 있었고, 시내를 가로지르는 강물에는 1m나 되는 잉어 떼가 한가로이 놀고 있었다. 도심은 다른 도시처럼 말끔히 정돈되었고, 도쿠가와 이에야스가 성주로 있었던 오카자키성이 그 위엄을 자랑하듯 시가지를 내려다보고 있었다.

옛날에 통신사가 이곳에 도착할 때는 에도막부에서 여기까지 영접하러 나와 사신을 맞이하기도 한 곳이다. 그러한 곳에서 하룻밤 유숙한다는 것은 의미 있는 일인데, 더 남다른 기회가 생겼다. 걷기 행사를 통해 오래전부터 알게 된 노자와 씨는 이곳에서 교사를 한 분으로 부인과 함께 만찬에 초대해 주신 까닭이다. 덕분에 내외분과 회포도 풀면서 더욱 알차고 흥겨운 시간을 가졌다.

오카자키를 향해 전진하는 참가자들

오카자키성을 지나고 있는 참가자들

한·일 우정 걷기 참가자들을 뜨겁게 환영하는 코스 연변의 마을 주민들 니시가와씨 부부

오카자키성에서의 단체 기념사진

제7차 21세기 조선통신사 서울-동경 한일 우정 걷기
40일 차 (5월 10일)
일정 : 오카자키에서 도요바시까지 33km

한·일 역사 수레바퀴는
양숙·협력 교차 인연으로

 동 오카자키역 남측 출구 광장에서 7시 40분에 모여, 간단한 출발식과 스트레칭을 했다. 오늘의 리더는 엊그제 반가운 만남을 가진, 이 지역 오카자키시에 사는 노자와 회원이다. 임창원 민단 지단장님께서 출발식에 나오셔서 환영과 행사의 성공을 위해 격려금을 지원하면서 응원해 주었다. 지단장님은 출발 후 7.9km 정도의 길도 함께 걸어 주셨다. 오카자키성 아래 27 곡절을 지나 도의역 후지카와슈쿠(藤川宿) 지점에서 휴식을 취할 무렵에 지단장님은 2년 후에 다시 뵙자면서 작별 인사를 했다. 매회 우리 협회와 행사를 생각해 주시는 그 성의와 고마운 마음을 오래 간직하려고 한다.

 우리 일행은 다시 발길을 옮겨 200년 이상의 역사를 자랑하는 후지

오카자키 옛 도심을 지나는 참가자들

　카와슈쿠(富士川宿)의 소나무 길을 지나 아카사카슈쿠(赤坂宿)에서 점심을 했다. 이곳은 15세기부터 오늘날에 이르기까지 옛 모습을 그대로 간직해 온 역참 겸 여관으로 옛 통신사들도 점심을 먹었던 곳이다. 하지만 우리 일행은 건물 처마 밑 땅바닥에 앉아 편의점에서 산 도시락으로 식사를 했다. 그래도 시장기가 좋은 반찬이 되어 달고 맛있게 먹었다.

　점심 식사 후 오늘 코스의 3분의 2 정도나 되는 긴 고개를 넘어서 아름다운 소나무 숲길을 걸었다. 아름드리 크나큰 소나무들이 길 양쪽에 쭉 뻗어 있어 매우 아름다운 길이다. 이 길을 올 때마다 잊지 못하는 일이 생각난다.

　조선통신사 한·일 우정 걷기를 시작한 지 얼마 안 되었을 무렵, 아마 2차 기행 때인 것으로 기억한다. 송림길 끝 지점에 일본 측에서 점심 장소로 정해 놓은 아주 깔끔하고 정갈스러운 식당이 있었다. 그 식

200년 이상의 역사를 자랑하는 후지카와슈쿠(富士川宿)의 소나무 길을 걷는 참가자들

당의 사장이 한국을 좋아하여 한국 역사에 대해 관심도 많고 또 많이 알고 계신 분이었다. 함께 얘기를 나누던 중 사장님이 "김충선(사야카)을 아느냐?"라고 우리에게 물었는데, 창피하게도 그 당시 우리 중에는 그를 아는 사람이 아무도 없었다. 그래서 한국에 가서 파악한 뒤 연락해 주겠다는 궁색한 대답을 해야 했다. 그때 그 식당 주인으로부터 임진왜란 때 제2군을 이끈 가토 기요마사(加藤淸正)의 선봉장으로 참전하여, 침략의 무모함과 명분 없는 전쟁에 회의를 느껴 전쟁 초기 3,000여 명의 부하들과 함께 조선에 귀화한 김충선(사야카)에 대하여 알게 되었다. 김충선은 귀화한 후 조선군과 충무공 이순신 장군에게 화약제조와 조총을 다루는 법 등 주요 정보를 알려주면서 조선의 승리를 위해 많은 공을 세웠다. 그러한 공로를 인정받아 조선 선조로부터 김해김씨 성을 하사받았다. 현재 대구 달성군 가창면 우록리에 후

도요바시(豊橋)에서의 만찬

손들이 집성촌을 이루어 살고 있다. 그것이 인연이 되어 그 사장님은 그 후 당시 같이 걸었던 한남수 회원과 친밀한 관계를 유지하면서 서울에도 자주 오셨고 김충선 사당도 방문하셨다.

아울러 그 인연으로 21세기 조선통신사 서울—동경 한·일우정 걷기 회원들도 김충선의 후손들이 집성촌을 이루어 사는 대구시 달성군 녹동서원을 방문하게 되었다. 만약 그때 그 식당에 들르지 않았더라면 지금까지도 김충선에 대해 알지 못했을지도 모른다. 이렇게 역사의 수레바퀴는 양국의 관계를 묘한 인연으로 얽혀 굴러가게 하나 보다.

그런 부질없는 생각 속에 어느덧 오후 5시가 되어 목적지인 도요바시(豊橋)역에 도착했다.

제7차 21세기 조선통신사 서울-동경 한일 우정 걷기
41일 차 (5월 11일)
일정 : 도요바시에서 벤텐지마까지 26km

죽을 힘을 다해
아라이 관문에 도착하다

여느 때와 마찬가지로 06시 짐을 내려놓고 30분 만에 아침을 먹은 뒤 7시에 출발해 도요바시역 광장으로 갔다. 인근 도시 하마마쓰(浜松)에 사는 다카하시 미치코(高橋美智子) 씨와 시즈오카에 사는 나카니시 하루요(中西晴代) 씨가 먼저 와 있다가 인사를 건넸다.

오늘 리더는 이 지방 인근에 사는 다카하시 미치코(高橋幹雄) 씨다. 평소보다 조금 더운 날씨다. 그러다 보니 두 시간 남짓 걷자 벌써 땀이 났다. 도착한 곳은 후타가와역(二川驛), 거기서 일본걷기협회 전 전무이사 고바야시 마사히토 현 JVV 전무이사와 다케이 부부(일명 '파파'라고도 함)를 만나 기쁨을 나누고 함께 걷기 시작했다.

옛 조선통신사도 지났던 후타가와(二川) 본영을 지나 아름다운 엔수

41일 차 도요하시-벤텐지마 여정도

나다(遠州灘)가 보이는 언덕에 올라서니 앞서간 사람들이 시라스카주쿠(白須賀宿) 관광 안내소 앞에서 삼삼오오 모여 있었다. 그곳에서 파파 부부가 정성스레 만들어 가지고 온 얼린 파인애플, 복숭아 샤베트와 흐만쥬(만개떡)을 나누어 주셔서 다 함께 먹었던 모양이다. 그러나 나는 늦게 도착하여 먹지도 못하고 또 출발 신호가 울렸다.

오를 때와는 다르게 급경사인 내리막길을 한참 내려가니, 해발 3~4m밖에 안 되는 지루한 길이 이어졌다. 이 길은 걸을 때마다 힘이 부쳐서 짜증을 느끼는데 오늘따라 날씨가 너무 무더워서 갑절로 힘들었다. 이리저리 나무 그늘 길을 찾아 걸어도 도무지 나아지질 않았다. 체력의 한계도 느껴지니 차를 타고 싶은 마음이 꿀떡 같았다. 그러나 한국의 대표로서 그럴 수가 없었다.

죽을 힘을 다해 아라이(新居) 관문에 도착했다. 아라이 관문도 하코네와 마찬가지로 도카이도 중에서 중요한 관문 중의 하나로. 옛 조선통신사 일행도 여기서 점심을 먹고, 통신사 짐을 나르는 사람이나 말을 교대하기도 했다. 우리 일행도 아라이 관문 근처 하즈카 식당에 도착해, 점심을 먹었다. 그러나 필자는 더위에 지치고 몸이 너무 좋지 않아 도저히 밥을 먹을 수가 없어 먹지 못했다.

벤텐지마(弁天島)에 도착하니 오후 4시가 되었다. 이전 회차까지는 벤텐지마에 오면 이곳 호텔에 유숙하면서 시즈오카현 민단에서 베푸는 환영 만찬을 만끽하곤 했다.

그런데 오늘 와 보니 늘 묵던 호텔이 불경기로 문을 닫았다. '추억 속의 장소가 또 하나 사라졌구나!' 싶어 씁쓸한 기분이 들었다. 일행은 할 수 없이 전철을 타고 가서 다른 대안으로 하마마쓰 역 근처에 있는 하마마쓰 동호텔에 여장을 풀었다. 그러고 나니 오후 4시 30분이 되었다. 하마마쓰(浜松)에는 유명한 야마하 악기 공장도 있는 음악 도시답게 역 광장에서 관현악단 동호인들이 약 40여 명쯤 모여 함께 클래식을 연주하고 있었다. 시민들도 함께 앉아 멜로디를 즐겁게 즐기고 있었다. 아름다운 음률은 시가지를 휘감아 돌고 돌아 이방인의 귀에 살며시 내려앉아 더위에 지친 몸에 정신적 안정을 되찾아 주었다.

오후 6시 30분, 호텔 식당에서 가진 환영 만찬회에는 이곳 민단의 김병선 지단장과 후쿠로이 시의원인 다케노 노부로 씨, 닌토슈(忍冬酒) 주류 회사의 가토 사장 등 많은 분이 참석해 우리를 환영해 주셨다. 특히 가토 사장님은 우리와 연이 깊은 분으로 5회차 기행 때부터 도쿠가와 이에야스가 좋아하고 조선통신사 일행들도 즐겨 마셨다는, 450여 년의 역사를 가진 '닌토슈'를 우리에게 기증해 주셨다. 인동주의 꽃말이 묘하게도 '우애(友愛)'라고 하니 우리에게 꼭 맞는 술이었다.

한 가지 아쉬웠던 것은 노구에도 불구하고 언제나 친절하게 우리를 맞이해주시던 시즈오카 직전 회장이셨던 강재경 회장님이 오늘은 보이지 않아 조금 서운했다. 저녁 만찬이 끝난 후 홍순언 이사의 방에 가서 엔도 회장 등 몇몇 분과 술 한 잔을 더 기울이며 즐거운 대화를 나누었다.

도요바시시 한 가정집 앞 장식물

파파 부부가 매회 제공해 주는
냉동 복숭아·파인애플과 모찌(떡)

도요바시(豊橋)역 앞

시즈오카현 하마마쓰시 벤텐지마를 향해 전진하는 참가자들

구간참가자 파파부부와 나가니시상

한·일 우정 걷기 참가자들을 환대하는 하마마쓰 시민들

제7차 21세기 조선통신사 서울-동경 한일 우정 걷기

42일 차 (5월 12일)

일정 : 벤텐지마(弁天島)에서 덴류가와까지 23km

옛 조선통신사 상생 지혜를
한·일 외교정책 밑거름으로

    오늘은 같은 숙소를 이틀 동안 이용하기에 짐을 꾸려야 하는 번거로움이 없어서 시간적 여유가 생겼다.

    그러나 출발 장소는 어제 도착한 벤텐지마(弁天島) 역이기 때문에 7시에 숙소를 출발해 하마마쓰역에서 출발하는 기차를 타고 다시 그 역으로 돌아가야 했다. 7시 30분경에 벤텐지마 역에 도착하니 하루 걷기 참가를 하려는 사람들이 이미 많이 모여들고 있었다.

    8시에 시작된 출발식에 하마마쓰 시장의 인사말을 코스 리더인 핫토리 씨가 대독하고, 이곳 걷기협회장인 마츠라 시게루 씨가 축하 인사를 했다. 인사말에서 시즈오카에 대한 은근한 자랑이 깃들어 있었다.

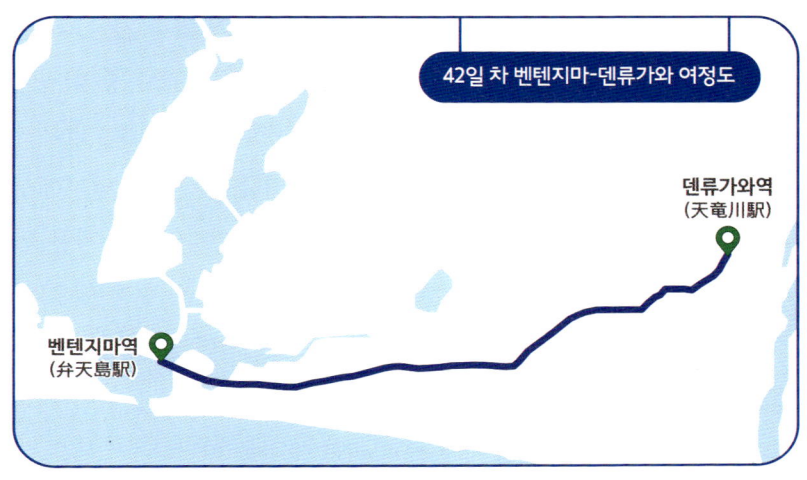

시즈오카는 동서로 250km, 현 내에 신칸센 역이 6개나 되는 큰 현일뿐더러 현 내 걷기 단체들도 안내를 잘해 주실 테니 걷기가 편할 거라고 했다. 이 행사를 알리기 위해 마츠라 씨는 지역 언론기관에도 협조를 구했다고 한다. 그는 또한 필자가 준 걷기 기행 유니폼에 한국 참가자의 사인을 받아 입고 다니면서 자랑했다. 그만큼 우리 행사에 대해 신경을 써 주었다는 생각이 들어서 고마운 마음도 들었다.

오늘 날씨는 약간 더웠다. 우리는 지난밤에 유숙했던 하마마쓰를 거쳐 벤텐지마를 출발했다. 벤텐지마의 하마나코호수(浜名湖)는 원래 담수호였으나 1498년의 지진과 쓰나미로 육지가 나누어 지면서 바다와 담수호가 연결되어 장구 몸체와 비슷한 지금의 지형이 형성되었다. 이러한 지형을 일본에서는 '이마기레(今切)'라고 부르는데, 여기에 나루터가 있었다.

이 나루터에는 옛 조선통신사와 얽힌 재미나는 일화가 있다. 1646년 인조 14년에 파견되었던 통신사가 임무를 마치고 귀로 중의 일이었다. 하마마쓰에 도착했을 무렵 쇼군 이에마츠의 명령으로, 막부가 통신사에게 보낸 천수 백 냥이 전해졌다. 그러나 통신사는 일본에서 금품을 받는 것이 금지되어 있었다. 그래서 당시 정사였던 임광은 언제나 양국 간 중개로 고생하는 쓰시마 번에 이 금품을 주려 했으나, 쓰시마 번은 쇼군 가가 통신사에게 보낸 돈을 받으면 큰일 난다고 거절했다. 이에 정사는 며칠 고심한 끝에 군관들을 시켜서 물밑이 훤히 보이는 이마기레의 얕은 물에 돈을 뿌리고 그곳을 떠났다. 이 돈은 이후 당연히 쓰시마 번에서 주웠으리라. 이렇게 하여 막부는 성의를 전달했고 통신사는 임금의 명령을 지키면서도 각각 체면을 유지하고, 쓰시마 번은 쇼군 가에 누가 되지 않게 이득을 보았다. 삼자 모두가 만족했을 것으로 보인다. 이런 선조들의 지혜로운 처신처럼 모두가 골고루 이득을 보는 방법을 잘 모색해서 지금의 한·일 관계도 잘 풀렸으면 좋겠다는 생각을 해본다.

벤텐지마를 출발해 얼마 되지 않아 도카이도(東海道)의 명물인 마이자카(舞坂) 송림(松林·소나무 숲) 길을 지나는데 마을 사람들이 모두 모여 청소를 하고 있었다.

필자가 어렸을 때 '부역'이라는 명목으로 도로를 정비하고 청소하던 기억이 떠올랐다. 그러나 일본에서는 지금도 그런 활동을 통해 국민에게 좋은 환경도 조성해주고, 공동체 의식과 애향 정신을 가르친다. 일본 국민교육 정신에 새삼 놀라지 않을 수가 없다.

야마하 악기와 스즈키 자동차로 이름이 알려진 하마마쓰 시가지를 지나, 오후 2시경에 오늘의 목적지인 덴류가와 역 앞에 도착했다. 필자는 일일 참가자들에게 완보증을 수여하고, 거기서 기차를 타고 숙소로 돌아와 휴식을 취하고 있었다.
　그러는 중에 일본인과 결혼하여 일본에 사시면서 이번 조선통신사 한·일 우정 걷기에 한국 구간을 동행하면서 통역도 맡아 주셨던 임은 씨가 우리를 위해 손수 빚은 막걸리를 가지고 남편과 함께 오셔서 그 막걸리를 함께 한 잔씩 하면서 밤늦게까지 정담을 나누며 즐겁게 보냈다.

하마마쓰 어느 집 앞의 한·일 우정 걷기 참가자들을 위한 "어서 오십시오!"라는 한글 문구가 적힌 패널

벤텐지마의 하마나코호수(浜名湖)를 가로지르는 다리를 건너는 참가자들

도카이도(東海道) 명물 마이자카(舞坂) 송림(松林 소나무 숲) 길을 지나다가 멈춰선 참가자들

제7차 21세기 조선통신사 서울-동경 한일 우정 걷기

43일 차 (5월 13일)

덴류가와(天竜川)에서 가케가와까지

후쿠로이 시장 등 한·일 지자체장들, 긴밀한 우호 협력

연일 건강상태가 좋지 않아 지난 밤에는 몹시 어려움을 겪었다. 밤 11시 경과 오전 03시경에는 운동신경이 마비되는 증상이 나타나기 시작했다. 5일 전부터 계속되는 증상이라서 무척 힘들지만 내가 아프다는 표현을 해서는 안 되는 상황이다. 그래도 오늘 아침에 일어나니 한결 몸 상태가 나아졌다.

오전 6시에 차에 실을 짐을 내려놓고, 6시 30분에 호텔에서 식사한 뒤 하마마쓰 역으로 가서 전차를 타고 덴류가와(天竜川) 역에 도착하니 일일 참가자들이 벌써 와서 기다리고 있었다. 간단한 준비체조를 마치고 8시 즈음에 출발했다. 30여 분을 걸었을 즈음 덴류가와(天竜川)가 나왔다.

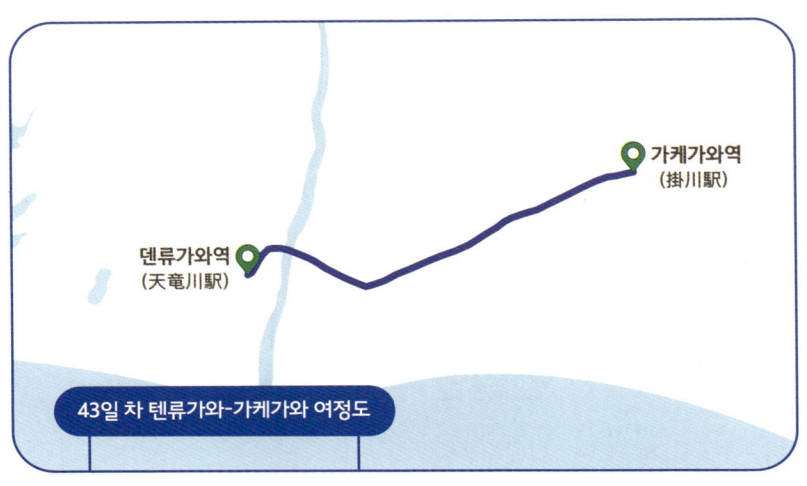

43일 차 텐류가와-가케가와 여정도

  옛 조선통신사는 배다리로 건넜지만, 우리 일행은 강을 가로지르는 대교를 걸어서 건넜다. 잘 정돈된 공원의 신사에서 휴식을 취한 후 1시간 정도 걸었을 무렵 이와다(磐田) 시청에 도착했다.

  이와다(磐田) 시는 예전 행사에는 한 번도 들리지 않은 곳이었는데 시청사 앞마당에서 환영 준비를 정성들여 해놓고는 우리 일행들을 맞이하며 녹차를 대접해 주었다. 이와다시 부시장과 체육회장이 나와서 간단한 환영과 격려의 인사말을 해 주었다. 이러한 결과의 뒷면에는 우리와 함께 조선통신사 길을 같이 걸었던 다케노 후쿠로이 시의원의 노력이 컸음을 짐작할 수가 있었다.

  이와다 시의 환대를 받고 12시가 넘었을 무렵 교토와 에도를 잇는 도카이도(東海道) 53 숙(宿) 중 중간지점인 27숙, 후쿠로이(袋井) 숙에 도착했다. 여느 때처럼 이곳의 대표이신 아오시마 마사오 씨가 우리를 맞이해 차와 메론을 나누어 주셨다. 도카이도 27숙을 통과했다는 기념품으로 조그마한 패를 한 사람당 하나씩 나누어 줬다. 그 정성이 대단했다. 통과증 패와 과일 메론 값만 해도 상당할 텐데 매번 뵐 때마다 아주 기쁘고 즐거운 마음으로 봉사하는 것 같아 부럽기만 했다. 그 통과증 패는 단순한 기념패가 아니라, 교통안전을 위한 자동차 운전석에 거는 패로 실용적인 일본인의 민족성이 깃들어 있었다.

후쿠로이숙에서 도로를 횡단해 후쿠로이 시청 홀에서 후쿠로이시(袋井市) 환영행사가 열렸다. 이 자리에서 하라다 히데키오 시장은 "43일간 먼 길 오신 것을 환영한다"라며 "옛 선인들이 추구해온 한·일간의 유대관계를 지속하는 발걸음이 되기를 바란다"는 취지의 환영사를 했다. 이어서 그는 "그러한 일에 선도적 역할을 하는 여러분의 걷기는 한·일 관계의 표상이 될 것"이라며 "아무쪼록 도쿄까지 무사히 완보하시기를 빈다"라고 말했다.

이러한 인사말에 대한 답사로 정사 역을 맡은 박윤희 교수는 "조선통신사의 자료들이 기록문화유산으로 유네스코에 등재된 의미를 잘 새기며 걷겠다"라며 "물질보다 정신문명이 더 중요한 것이라 여기며, 함께 발전시켜 나가는 데에 힘을 모으자"라고 다짐했다. 이어서 박 교수가 "목이 마르니 다음에 올 때는 시원한 맥주를 한 잔 주세요"라고 덕담을 건네자 장내가 웃음바다가 되었다. 우리는 환영식을 한 홀에서 미리 사서 가져간 도시락으로 점심을 해결했다.

그 후는 오늘의 목적지인 가케가와(掛川) 시를 향해 걸었다. 가케가와 시는 우리 협회와 특별한 인연이 있는 곳이다. 조선통신사 한·일 우정 걷기 행사를 기획할 초창기의 에피소드이다. 그 당시는 순수 민간레벨에서 조선통신사의 한·일 연고지 간 자매 결연으로 풀뿌리 외교를 몸소 실천하고, 양국 간의 우의와 우정을 돈독히 하며 양국의 평화에 이바지하는 프로그램을 만드는 것이 우리의 목적 중의 하나였다. 그리고 그때 한·일 도시 간 자매결연을 할 수 있도록 사업을 추진한 게 바로 일본의 가케가와 시와 우리나라의 문경시였다. 자매결연 사업을 추진할 당시 일본 측에서 주관하시던 인물이 바로 가케가와 시의 다카키 시의원이셨다. 그는 이 사업에 열정적이셔서 문경시를 직접 방문하기도 했다. 그러나 자매결연 자체는 이뤄지지 않았다.

그렇지만 그 후에도 교류는 계속되어, 다카키 시의원은 우리가 2007년에 제1차 기행을 할 때부터, 매번 우리가 이 도시에 오면 시민들과 함께 몸소 동네 어귀까지 나오셔서 음료수와 차를 대접해 주며 반겨 주셨다. '그분이 오늘도 어딘가에서 큰 플래카드를 들고 우리를 기다리고 계시겠지'라고 기대했는데 가케가와 역 앞에 도착할 때까지도 그의 모습이 보이지 않아 조금 섭섭했다. 밤이 되어서도 '왜 안 나오실까? 행여 이분이 어디 편찮으시지는 않은지'라고 걱정도 하며 막 누워 잠이 들려고 하는데 전화벨이 울렸다. 다카키 시의원이 밤늦게 호텔에 찾아오신 것이다. 너무도 반가워서 서로 얼싸안고 만남의 기쁨을 만끽했다. 정말 기분 좋은 날이었다.

다카키 전 시의원과는 제2차 기행 때도 소소한 추억이 있기에 짧게 적는다. 그 당시에 가케가와에 도착했을 때는 다카키 의원께서 나에게 피곤할 테니 찜질방에 가서 피로도 풀 겸 목욕을 함께 하자고 권유

걷기 강행군의 갈증을 시원한 멜론으로 달래는 참가자들

하셔서 그분을 따라갔다. 목욕탕 안에 찜질방이 있었는데 밤늦은 시간이라 혼자서 방 하나를 독차지하고 땀을 뺄 수 있었다. 그런데 그다음 순간, 당시의 나에게는 너무나 당혹스럽고 이해하기 어려운 사건이 일어났다. 웬 젊은 여자가 불쑥 문을 열고 들어와서는 발가벗고 있는 내 앞에 다가오는 것이다. 내가 깔고 앉아 있는 타올을 당기며 무슨 말을 하는데 알아들을 수가 없어 곤혹스러워하고 있을 무렵, 때마침 다카키 씨가 그 방에 들어왔다. 그 광경을 본 다카키 씨는 새 타월로 바꿔 주려고 하는 거라고 설명해 주며 파안대소했다. 알고 보니 일본에는 목욕탕에 청소하는 여성이 있다고 했다. 당시의 나에게는 처음 대하는 이질적인 문화라 생소하기도 하고 놀랍기도 했다.

에도 옛길(江戶の古道) 표지판이 있는 산길을 걷는 참가자들

후쿠로이시(袋井市) 환영행사에서 인사말을 하는 하라다 히데키오 시장

환영나온 일본인들과 반갑게 악수 청하는 한국 팀 조정자 회원(우측)

제7차 21세기 조선통신사 서울-동경 한·일 우정 걷기
44일 차 (5월 14일)
일정: 가케가와에서 후지에다까지 31km

소소한 선물에도
때로는 감동

지난밤에 비가 많이 왔다. 그러나 다행히도 7시 20분에 호텔을 출발할 때는 비가 그쳤다. 오늘의 출발 장소인 가케가와 역에 이를 때까지도 비가 오지 않았다. 역 앞 광장에 도착하니 가케가와 시 마츠이 사브로 시장님이 벌써 나와서 일행과 일일이 악수를 하며 맞아 주셨다. 8시에 출발식을 하고 마츠이 시장과 다가키 전 가케가와 시의원 등 몸소 나와 주신 분들의 환송을 받으며 길을 떠났다. 마츠이 시장은 조선통신사 한·일 우정 걷기 깃발을 들고 약 30m 정도까지 기수가 되어 우리와 함께 걸었다.

시가지를 10여 분 걸었을 때 9곡 길을 접했다. 어쩌면 우리에게는 생소한 도로였다. 이 길은 옛날에 가케가와 성주가 적의 침략을 방어

44일 차 가케가와-후지에다 여정도

하기 위해 만든 길이라서 도로를 직선으로 만들어 놓지 않고 9 굽이로 만들었다고 한다. 고전에나 나올 법한 길을 오늘날에도 그대로 쓰고 있다는 사실이 신기했다.

신비스러운 길을 뒤로하고 시 외곽으로 한 시간 반 정도 걸었을 때, 비가 오기 시작했다. 모두 우비를 꺼내어 입고 30도 정도의 급경사인 산길을 올랐다. 비가 내려 쉴 틈도 없이 오르고 또 오르기를 10여 분, 길 양쪽에는 산중의 넓은 차밭이 희미하게 보였다. 우중(雨中)에 안개가 드리운 넓은 차밭이라니. 우리 일행 모두가 숨 가쁘게 걷느라 숨을 몰아쉬는 중에도 그 아름다운 경치에 매료되어 눈을 떼지 못했다. 오

래도록 기억하고자 다들 핸드폰 카메라로 풍경을 찍느라 여념이 없었다. 그러면서 고갯마루에 닿으니, 사요노나카야마지(小夜の中山峠)라고 알려진 허름하고 오래된 휴게소가 있었다. 장대같이 쏟아지는 빗속을 걷는 우리 일행을 위해 여주인은 따뜻한 차를, 남편은 엿을 나무젓가락에 감아 주었다. 성대한 환대나 융숭한 대접이 아님에도 그러한 소소한 선물로도 마음에 큰 힘을 주는 기분이었다. 따듯한 차 한 모금을 마시고, 달콤한 엿 한가락을 입에 넣으니 피로가 풀리는 듯 상쾌했다. 다만 아쉬운 것이 있다면 하필이면 오늘따라 비가 많이 내리는지 알 수 없었다. 이곳은 온 산이 차밭이라 장관을 이루는 곳이다. 날씨가 맑을 때 접하면 산자락을 뒤덮은 푸른 기운에 혀를 내두르게 하는 곳인데 하나도 보지 못하고 내려가게 생겼다. 도대체 누군가가 심술을 부리고 있는지 하늘도 정말 무심한 듯싶었다.

우리 일행은 차밭을 지나 심한 급경사 내리막길을 내려온 후, 또 오르막길을 올랐다. 이 길은 근간에 발견한 길로 돌로 바닥을 깐 옛 산길이다. 숨이 차서 헐떡이면서 정상에 올라 휴식을 취했다. 그다음에는 미끄러운 돌계단 내리막길이 또 있었다. 그러나 우중(雨中)이라서 돌계단 내리막길은 일행에게도 너무 위험할 것 같아 돌계단 길이 아닌 일반 차도로 우회하기로 했다.

그런데 도중에 리더가 엉뚱한 길로 안내해 길을 한참 잘못 간 소동도 있었다. 모두가 한바탕 웃어넘기며 갔던 길을 되돌아갔다. 길을 재촉해 6차 때 갔던 시마다 시, 가나야쵸(金谷町)에 있는 큰 마트에 들어가 비를 피했다. 거기서 점심 대용의 도시락을 사서 마트의 모퉁이에 있는 조그마한 의자에 앉아 맛있게 먹었다. 우리의 속담대로 '고생과 시장이 반찬'이라 꿀처럼 맛있게 먹었다.

오늘은 우리가 파파라 부르는, 다케이 부부가 귀향하기로 해 아쉬운 작별을 나눴다. 다케이 부부가 늘 가지고 오던 시원한 복숭아 샤베트와도 이제 작별이었다. 복숭아 통조림을 이가 시릴 만큼 차게 얼려서 샤베트로 만들어 가져오시던 그 정성을 잊지 못할 것 같다.

얼마 가지 않아 오이가와(大井川)에 이르렀다. 이곳은 옛 조선통신사 일행도 난코스 중의 난코스로 여겼던 곳이다. 물의 흐름이 굉장히 빨라서 배다리를 설치할 수가 없었던 까닭이었다. 그래서 과거 통신사 일행이 지날 때는 다리를 놓는 대신 천수 백 명의 인부가 강의 상류와 하류에 '시옷(ㅅ)'자 모양으로 줄지어 서서 물살을 약하게 하고, 통신사 일행을 연대에 태워 강을 건너게 했다고 한다. 사람을 물살을 막는 댐처럼 쓰다니, 물속에 몇 시간씩이나 서 있었을 인부들의 고통이 얼마나 컸을까. 그 많은 일행이 강을 건너는 일은 당시에는 얼마나 어려운 일이었을까. 상상하기도 어려운 일이다. 그래서인지 지금도 오이가와에서는 이 강을 넘어가는 기념 축제를 하고 있다고 한다.

그러나 지금 우리는 이 다리를 걸어서 건너고 있으니 이 얼마나 행복한가! 그러면서도 역사 속의 선조들을 생각하면 가슴이 아리어 왔다.

오이가와를 건너 오른쪽 벚나무 숲길을 따라 시즈오카현 시마다(島田) 시 박물관에 이르니, 한국 일부 구간을 우리와 같이 걸었던 동료가 그곳 주민들과 함께 우리를 기쁘게 맞이해 주었다. 비가 내리는 데도 마중을 나와서는 한국의 가요 '만남'을 부르며 우리를 환영해 주었다. 왠지 나도 모르게 가슴이 뭉클하고 콧등이 찡해졌다.

'왜 이렇게 고생을 해 가며 비 오는 중에도 이국의 땅을 걷고 있단 말인가. 이웃한 양국의 국민이 이렇듯 서로를 좋아하고 따뜻한 우정을 나누는 정다운 모습을 바랐던 일들이 아니었던가. 그러한 일들이 우리 눈앞에서 이루어지고 있다니 이 얼마나 기쁜 일인가!'

따로 자리를 만들지 않았는데도 자연히 만들어진 우애의 현장에 서니 마음이 절로 벅차올랐다.

일행은 시즈오카현 시마다(島田) 시가지를 지나 시즈오카현 중부 도시 후지에다 시(藤枝市)를 향해 열심히 걸었다. 오후 4시 반 경에 6차 때 도착한 곳과 또 다른, 후지에다 역에 도착했다. 일행들이 잘 숙소가 변경되어서 역 근처까지 가서는 일정을 마무리했다.

가케가와 시의 조선통신사 한·일 우정 걷기 환영 플래카드

조선통신사 한·일 우정 걷기 깃발을 들고 약 50m 정도까지 기수가 되어 함께 걸었던 가케가와 시 마츠이 사브로 시장

우중(雨中)에 돌로 바닥을 깐 옛 산길을 힘겹게 오르는 참가자들

우중(雨中)에 안개가 드리운 넓은 녹차밭 풍경

우중에도 한·일 우정 걷기 참가자들을 위해 한국 노래 '만남'을 부르며 환영하는 시즈오카현 시마다(島田) 시민들

> 제7차 21세기 조선통신사 서울-동경 한일 우정 걷기
> 45일 차 (5월 15일)
> 일정 : 후지에다(藤枝) 역에서 시미즈(淸水)역까지 38km

우츠노야(宇津谷) 고갯길 빼어난 경관에 취하다

6시에 이동할 짐을 차에 싣고, 숙소에서 6시 30분에 식사를 하고 7시 20분에 호텔을 출발했다. 후지에다(藤枝) 역 광장에 도착하니, 후리다 부시장을 비롯한 후지에다(藤枝) 시 직원들이 나와 준비에 여념이 없었다. 특히 우리를 반가이 맞아 주시는 후리다 부시장은 2007년 첫 걷기 기행 행사의 현지 시의 담당자로 일하셨던 분인데, 2년 전 6차 때 우리가 왔을 때는 부시장이 되어 계셨다. 세월이 흘렀는데도 한결같은 마음으로 우리를 반겨 주신다는 게 신묘한 일이었다. 오늘 후리다 부시장님은 출발식 인사에서 "조선통신사 한·일우정 걷기는 양국의 우정과 친교의 가교를 맡는 중요한 메신저로, 동경까지 무사히 도착해 유종의 미를 거두기를 바란다"라고 덕담을 건네셨다.

45일 차 후지에다-시미즈 여정도

여기까지 걸어오면서 한·일 양국의 시장·군수들이 이구동성으로 인사말에 한결같이 정치적인 문제는 어떻다 하더라도 민간교류는 계속 이어져 가야 한다고 강조하곤 했다.

그런데 현실 여건은 그렇지 않으니 역설적이라는 생각이 들었다. 그래도 갈 길을 향해 우리는 발걸음을 재촉했다. 오늘은 비도 그새 그치고 구름이 낀 맑은 날씨이며 기온도 19도라 걷기에 정말 좋은 날씨였다.

후지에다는 죠카마치(城下町)로 성 아래에 있는 마을이란 의미다. 옛날부터 내륙으로 소금을 나르는 상인들이 오가는 길목의 마을로 번성했던 곳이다. 일행은 열심히 걸어 옛날 역참이었던 오카베슉(岡部宿)에 이르니, 그곳 주민들이 예전과 같이 환영하는 말이 적힌 피켓과 플래카드를 들고나와 차와 호만쥬를 대접해 주셨다. 여기까지 숨 가쁘게 걸어온 일행에게는 그야말로 사막의 오아시스와도 같은 곳이다. 잠깐 쉬면서 가쁜 숨을 고른 후 우리 일행은 환영객들과 작별의 인사를 나누고 다시 길을 재촉했다.

걷다 보니 우츠노야(宇津谷) 고개가 나왔다. 옛 조선통신사 사행들도 힘들어했던 도카이도(東海道)의 난소(難所·험하고 가파른 곳) 중의 하나다. 이 고개 중에는 부자마을로 보이는 마을이 하나 있는데, 아마 소금을 나르는 상인들 때문에 번성했던 곳으로 추정된다. 우츠노야 고개를 넘었던 제10회 조선통신사 종사관 조명채는 이곳에 대해 "고개는 길이 좁고 가파르며 매우 높은 산"이라고 기록했다.

그러나 이곳은 중턱에 터널을 뚫어 놓아 생각보다 그렇게 높지도 않으면서 정말 아름다운 경관을 자랑하는 곳이다. 우츠노야 고개의 운치와 아름다운 계곡은 산업화에 밀려 도로에 빼앗겼지만, 그래도 아름다웠던 자태만은 아직도 여운을 남기며 뽐내고 있었다. 조선통신사 길을 걷겠다면 한 번쯤 꼭 걸어 보시라고 권하고 싶은 코스 중 하나이다.

아름다운 길을 따라 40여 분을 걷자 정오 12시 반 정도에 도쿠가와 이에야스가 있었던 슌푸숙(駿付宿)에 도착했다. 거기서 점심도 먹고 휴식을 취한 후 다시 무거운 다리를 힘겹게 옮겨 놓았다. 늘 점심을 먹고 난 후 1시간 정도 걸을 때가 가장 걷기 힘들다. 몸이 유독 노곤해져서 매번 몸을 가누기 힘든 시간이다.

이때 시즈오카(靜岡)에 접어드는 다리에서 노란 제복을 입고 낯익은 리듬의 풍악을 울리는 소리가 들렸다. 그런데 6차 때 듣던 서툰 장단과 달리 흥이 오를 정도로 박자가 잘 맞는 멋진 풍악 소리다. 무언가 했더니 매번 우리가 올 때마다 반갑게 반겨주는 시즈오카 교민들의 환영 퍼레이드다. 4명으로 구성된 농악대를 앞세우고 1.5km 가까이 되는 대교를 넘어 시내에 접어드니, 새로 선출된 시즈오카의 젊은 교민회장, 이의흥 회장을 비롯해 교민들이 조그마한 어린이 놀이터에서 환영 플래카드를 들고 서 있었다. 먼 길 오시느라 수고가 많았다면서 시원한 수박이며 아이스크림을 권했다. 기뻐해야 할 만남인데도 불구하고 오히려 가슴이 찡하고, 왠지 눈물이 흘렀다. 반가운데도 오래 함께하지 못하고 짧게 스쳐 지나가야 할 사람들이라서 그럴까. 아쉽게나마 단체 기념사진을 찍고 작별을 고했다.

시즈오카 시가지에 접어드니 시청광장이 나왔다. 또 추억이 한 가지 떠올랐다. 언젠가 이 시청광장에서 도쿠가와 이에야스 서거 400주년 기념식 때 도쿠가와의 복장을 한 이곳 다나베 노부히로(田辺信宏) 시장에게 필자가 조선통신사 정사의 복장으로 서서 '평화의 메시지'를 전달하는 행사를 한 적이 있다. 그 감격스러운 한순간이 언뜻 떠올라 깊은 감회에 젖었다.

그러나 오늘의 목적지는 이곳이 아니라서, 걸어온 길만큼 한참 더 걸어가야 했다. 그래서 잠깐 휴식을 취한 후 발걸음을 재촉했다. 리더가 길을 잘못 인도해 되돌아오는 소동이 벌어졌다. 흔히 있을 수 있는 일이라 군소리 없이 또다시 걸음을 재촉하자 구사나기 종합운동장에 도착했다. 매번 올 때마다 휴식을 취하며 거쳐 가는 곳이다. 힘든 다리를 쉬게 하며 주최 측에서 제공한 아이스크림과 간식을 먹는데 얼마 안 되어 리더인 다구치 씨가 출발 5분 전이라며 걷기 신호를 알렸다. 오늘따라 몸이 힘든지 꼭 군대의 행군 같다는 생각이 들었다. 조교가 고래고래 고함을 지르면서 갈 길을 재촉하는 기분 말이다.

그러나 우리가 스스로 선택하고, 가야 할 길, 기분 좋은 마음으로 걷자. 떨어지지 않는 발걸음으로 또 걸었다. 왠지 오늘은 걸음을 재촉해 가는 데도 길이 끝이 없고 지루했다. 이전 회차를 생각하면 우리 일행의 코스 길목마다 한두 명씩 '환영'이라고 글을 쓴 조그마한 피켓을 들고 계시면서 환영해 주었는데 오늘은 그분들도 보이지 않았다.

우여곡절 끝에 시미즈(清水) 역에 도착하니 저녁 6시 30분이다. 그곳에 도착하면 운이 좋은 날에는 후지산의 아름다움을 볼 수도 있는데 오늘은 그것마저도 보이지 않았다. 우리 일행은 지칠 대로 지쳤다. 안 그래도 오늘의 일정이 조선통신사 일본 구간 중 가장 긴 구간이다. 그래도 다들 건강하셔서 저녁은 놓치지 않고 꼬박꼬박 챙겨 드셨다. 다행한 일이다.

오늘의 만찬은 오사카에서부터 함께 걸어왔던 백희선 자문위원님이 귀국하게 되어 작별의 아쉬움을 달래는 송별식을 겸했다. 한 잔씩 하고 나니 다들 피곤한지 일찍 자기 방으로 들어갔다. 그러나 내일은 문화탐방 일이라 부담을 느껴지지는 않았다.

후지에다(藤枝) 역 앞에서 열린 한·일 우정 걷기 환영행사에서 격려사를 하는 후리다 후지에다 시 부시장

'환영'이라는 한글 글씨 플래카드를 든 후지에다 한 시민

우츠노야 고개 터널

우츠노야 고개를 넘다가 잠시 멈춰선 참가자들

누츠노야 고개 주변 마을 풍경

지난 5차 조선통신사 한·일 우정 걷기 행사 때 도쿠가와 이에야스의 복장을 한
시즈오카 시 다나베 노부히로(田辺信宏) 시장에게 평화의 메시지 전달하는 필자(좌측)

한·일 우정 걷기 참가자들을 환영하기 위해 시 외곽까지 나와 걷기 행렬을 인도한 시즈오카시 교민 농악대와 함께

제7차 21세기 조선통신사 서울–동경 한·일 우정 걷기

46일 차 (5월 16일)

일정 : 시미즈 문화답사일

'조선통신사 보고(寶庫)' 세켄지 옛 절경은 간데없고

　오늘은 시미즈(淸水) 문화답사 일로, 많이 걷지 않을 뿐 일정은 매우 빡빡했다. 일정을 보니 세켄지(淸見寺)를 탐방하고, 시즈오카현 청사를 방문한 뒤 저녁에는 시즈오카 민간단체가 합동으로 베푸는 환영 만찬회에 참석해야 했다. 전차를 타고 미시마를 중심으로 오키츠와 시즈오카를 오가며 분주히 움직여야 하는 일정이었다.

　아침에 떠나는 백희선 자문위원님을 나카니시 하루오 씨가 모시고 비행장으로 가는 것을 배웅하고, 일행은 숙소 근처에 있는 미시마 역 광장 버스정류장에서 버스를 타고 오키츠(興津)에 있는 세켄지(淸見寺)로 향했다. 버스에서 내리니 현 후쿠로이시 시의원이신 다케노 노보루 의원과, 오바타 미치히로 교수가 우리를 기다리고 있었다. 오바타 교수는 한국에서도 평택대에서 15년간 교수를 역임하신 분으로 일본에서도 여전히 조선통신사를 연구하며 활발히 활동하고 계신 분이다. 특히 도쿠가와 이에야스 서거 400주년 시즈오카 기념식 때는 유창한 한국어로 사회를 진행해 그 당시 참가자들에게 마음 깊이 우러나는 갈채를 받은 분이기도 하다.

오바타 교수님의 자상한 설명과 함께 절 안을 관람했다. 세켄지는 조선통신사의 사행들이 남긴 글씨와 그림 등을 많이 보관하고 있어, 그야말로 조선통신사 자료가 모인 보물창고라 할 수 있는 사찰이다. 심지어는 사찰 입구에 쓴 '동해명구(東海名區)'라는 글씨조차 1748년 통신사 역관으로 참여했던 현덕윤의 글씨다. 이곳의 자료 중 33점이 유네스코문화유산으로 등록되어 있다.

그리고 이 절은 도쿠가와 이에야스가 소년 시절 이마가와 요시모토(今川義元)의 인질로 머물었던 사찰이기도 하다. 그런가 하면 천황을 비롯해 많은 유명 인사들이 묵어갈 정도로 아름다운 절경을 자랑하던 곳이었다.

그러나 지금은 절 앞까지 출렁이던 태평양 물결은 찾아볼 수가 없어졌다. 근대 산업화에 밀려 바다가 간척되고, 철로가 놓이고 공장이 들어서는 등 이곳의 풍경도 많이 바뀌어버려서 옛 운치를 느끼기에는 한계가 있었다. 아쉽게나마 오바타 교수님의 유려한 설명에 기대어 세켄지의 옛날 아름다운 절경을 그려보고, 멀리 바다가 보이는 사찰 2층 다다미방에서 앉아 주최 측에서 준비한 도시락을 먹으며 생각에 잠겼다.

그렇게 점심을 먹은 뒤에는 시즈오카행 열차를 타고 도쿠가와 이에야스가 창건한 호타이지(寶泰寺)를 찾았다. 호타이지는 옛 조선통신사 사행들도 점심을 먹거나 휴식하기 위해 이곳을 들렀다고 한다. 특히 이 절에서 기념비적인 것은 2007년에 한국의 영주산 화강암을 가져와 만든 '평화상야등(平和常夜燈)'이다. 한국의 돌로 만든 석탑이 기존의 아름다운 일본식 정원과 함께 조화를 이루고 있었다. 한·일 관계도 이처럼 조화를 이루었으면 하는 소원을 빌어 보고는 시즈오카 현청으로 발걸음을 옮겼다.

원래 일정으로는 이곳 현청 지사를 만나는 것으로 되어있었으나 지역외교부장과 국장 등 (참고로 이 현청의 직급 서열은 부장 아래에 국장이 있음) 4명이 오셔서 우리 일행을 환영하는 환영식을 베풀어 주신 까닭에 기쁘게 참가했다. 가케가와 다카히사 부장은 이곳에서 "21세기 조선통신사 한·일우정 걷기를 계기로 한·일 관계가 더욱 진전되기를 바란다"라는 취지의 인사말을 전해주셨다. 그 후 기념촬영을 하는데 가케가와 부장이 우리가 선물로 준 유니폼으로 갈아입고 촬영에 임했다. 아주 조그마한 행동의 배려이지만 선물을 준 사람에 대한 감사와 성의를 생각해 준 예의와 진정성이 느껴졌다. 우리도 배울 만한 처사라 생각했다.

이 모든 행사를 마친 뒤 일행은 조금 지친 몸으로 전차를 타고 숙소로 되돌아왔다. 다들 잠시 쉬기 위해 자기 방으로 뿔뿔이 헤어졌으나 필자는 로비에서 한국서 오는 팀들을 기다리고 있었다.

만찬 연회 시간이 거의 가까워져서야 한국 팀의 마중을 나갔던 나

옛 조선통신사 정사(正使)가 남긴 세켄지 경내 한 현판

카니시 씨를 비롯한 손명곤 부회장, 최영우 씨, 허원준 씨, 김연희 씨, 양종실 씨가 도착해 함께 연회장으로 갔다.

6차 때까지만 해도 우리의 환영식은 시즈오카 민단을 중심으로 여러 단체가 합동해 준비를 해 주셨다. 그러나 올해는 후쿠로이 시의원이자, 우리와 함께 서울-동경을 걸은 바가 있는 다케노 노부로 씨가 총괄을 맡아 행사를 열어 주셨다.

오후 5시 40분부터 시작된 연회는 제1차부터 제7차에 이르기까지 조선통신사 한·일 우정 걷기에 동참해온 가나이 미키오(金井三喜雄) 씨가 제작한 동영상을 함께 보고, 참가자 개인별 소감을 말하는 시간도 가지면서 밤 9시까지 진행되었다. 연회장에는 시즈오카 민단 단장을 비롯한 각계각층의 지역유지들이 참석하였다, 사회는 다케노 노부로 시의원이, 통역은 역시 오바타 교수가 해 주었다. 이전 회차의 행사보다는 참가자가 적었지만 나름대로 색다른 프로그램을 꾸미려 애쓴 흔적이 돋보였다.

세켄지(淸見寺)를 찾은 한·일 우정 걷기 참가자들

세켄지의 옛 조선통신사 관련 사료를 둘러보는 참가자들

시즈오카 현청에서 가케가와 다카히사 부장(중앙)과 선물을 주고받는 한·일 우정 걷기 대표단

시즈오카현청 환영회

제7차 21세기 조선통신사 서울-동경 한·일 우정 걷기
47일 차 (5월 17일)
일정 : 시미즈역에서 요시하라까지 32km

조선통신사 위해 만든
'삿타도오게' 절경에 매료

  '시미즈시티호텔'에서 6시 30분에 아침 식사를 하고, 7시 20분에 호텔을 출발해 근거리에 있는 시미즈 역 앞 광장으로 나갔다. 역시 오늘의 일일 참가자들이 많이들 모여 있었다. 시미즈 역 담장 너머로 후지산이 희미하게 보였다. 산 주변이 맑은 날씨라 누군가가 오늘은 삿타도오게(薩埵峠)에서 후지산과 태평양이 어우러져 연출하는 아름다운 주변 경관을 볼 수 있을 거라 했다. 서둘러 스트레칭과 코스설명을 한 후, 본대를 비롯한 67명이 목적지를 향해 출발했다.

  1시간쯤 걸으니 어제 답사를 갔던 세켄지가 시야에 들어왔다. 우리는 사찰을 지나 오키즈 역에서 3.5km 떨어진 거리에 있는 삿타토게 언덕에 당도했다.

47일 차 시미즈-요시와라 여정도

'삿타도오게'는 옛날 조선통신사 사행들을 위해 특별히 만든 길이다. 고갯마루에 올라서면 정면으로는 고깔을 쓴 것처럼 흰 눈이 정상을 덮은 채 아름다운 자태를 뽐내고 있는 후지산이 보인다. 그리고 오른편으로는 태평양의 넓은 푸른바다 물결과 그사이 경계를 가로지르는 철길과 도로가 보인다. 이 모든 것이 함께 어울려 펼쳐지는 경치는 조선통신사 옛길걷기 한·일 양국 구간 중 제일 빼어난 경치라 할만하다. 이 아름다운 고갯길을 막부에서 조선통신사 사행들을 위해 만들었다고 하니 그 당시 얼마나 정성을 기울였는가를 가히 짐작할 수가 있다.

우리는 이 고개를 넘기 위해 입구에 당도하니, 먼저 온 일행들이 가

파른 고갯길을 오를 준비에 여념이 없었다. 나도 헐떡이는 숨을 고르며, 노약자를 위해 마련해 둔 지팡이를 짚고 고개를 올랐다. 그러나 고갯마루 정상에 올라서니 먼저 온 이들의 얼굴에 실망스러운 표정이 역력했다. 아침의 기대와는 달리 후지산이 보이지 않았기 때문이었다. 다시 오기 힘든 곳인데 날씨가 공교롭게 바뀌어, 나 역시 실망이 컸다.

그래도 정상의 휴게소에 이르자, 시미즈(清水)의 오가와 도시유키 구청장을 비롯한 봉사자들이 녹차와 아이스크림·과자 등을 준비해 우리 일행을 환영해 주었다. 정상에서 맞은 환영 행사에서 오가와 구청장은 "시미즈에 오신 것을 환영하지만 유감스럽게도 오늘은 후지산이 보이지 않아 아쉬운데 아마 부끄러워 얼굴을 내밀지 않는 모양"이라고 운을 뗀 뒤, "한·일 우정 걷기를 통해 양국 간에 더 좋은 우애와 교류가 계속되기를 바란다"라고 말했다. 매번 이 행사에 참여하는 아메노 아이유 여성 회장 한 분은 "다음에 또 이곳에서 만나기를 바란다"라고 화답했다.

우리 일행은 단체 기념사진을 찍고 주변의 아름다운 대자연을 마음껏 만끽하며 하산했다. 빨간 새우로 유명세를 날리던 유이(由比) 지역에 당도했으나 어떤 연유인지는 모르겠으나 옛날처럼 번성하지 못한 모양이었다. 우리가 갔던 유명한 새우 전문 식당도 문을 닫아 버렸다. 11시 50분경에 유이혼진 공원(由比本陣公園)에 도착하니, 우리 일행인 이성임 씨 남편이 준비한 도시락이 기다리고 있었다. 일본에서 사시는 분이 준비한 도시락인데도 한국 사람을 고려한 듯한 김치와 전까지 준비되어 있었다. 피는 물보다 진한 것인가, 꼼꼼히 챙겨주시는 마음씨에 동포애를 진하게 느꼈다. 허기를 채우고 12시 30분에 유이공원을 출발해 후지 시계(市界)에 들어섰으나 도무지 후지산이 보이지 않았다. 다른 때는 후지 시계에 들어서면 그 웅장한 자태를 멀리서도 보이게 나타내곤 했는데 이번에는 도무지 보이지를 않았다. 이번 팀들은 복이 없는 모양인지, 행운이 따르지 않는 모양인지. 후지산 가까이에 있는 후지가와 대교를 지나도 산은 무심히 구름에 뒤덮여 보이지 않았다. 아마 그래서 일본인들이 후지산을 신성시하는지도 모른다. 일본인들은 예나 지금이나 드높은 자부심처럼 후지산을 사랑한다.

아쉬움과 지루함이 교차하면서 피곤이 누적된 우리는 우여곡절 끝에 오후 4시 45분경에 후지시 시청광장에 도착했다. 후지시에서도 우리를 환영하기 위한 준비를 하고 있었다. 환영식을 준비할 동안 휴식을 취하면서 박윤희 교수께 답사를 청했으나 하지 않으려고 해서 어쩔 수 없이 필자가 하게 되었다. 그런데 환영식에 또 반가운 분이 나와 계셨다. 2년 전에 후지시 시청 청사 옥상에서 후지산을 바라보면서 환영을 해 주셨던 모리다 부시장이셨다. 모리다 부시장은 우리가 준비한 유니폼 티를 받자 본인이 달고 있던 후지시 배지를 필자에게 달아 주는 친근감을 보여주기도 했다. 우리는 요시와라에서 오늘 밤 하루를 묵게 된다. 하지만 옛 조선통신사는 요시와라에서 점심을 먹고, 미시마까지 가는 강행군을 했다.

삿타도오게의 아름다운 태평양 주변 풍경을 즐기며 걷는 참가자들

삿타도오게(薩埵峠)에서 바라본 후지산과 태평양이 어우러져 연출하는 아름다운 주변 경관

조선통신사 복장을 한 시미즈시의 마스코트
유이혼진 공원 인근 주택가의 예쁜 화초
삿타도오게 정상에서 시미즈(淸水)시 오가와 도시유키 구청장 등과 함께

참가자들의 유이혼진 공원(由比本陣公園)에서의 망중한

도시락 오찬 이후 활기차게 걸음을 재촉하는 참가자들

후지 시 환영 만찬

만찬 후 흥에 취한 러시아걷기연맹 블라디미르 회장(중앙)

제7차 21세기 조선통신사 서울-동경 한일 우정 걷기

48일 차 (5월 18일)

일정 : 요시와라에서 미시마까지 27km

호텔 옥상에서
웅장한 후지산 보며 호들갑 떨다

　04시 30분에 일어나 행여나 하는 마음에 숙소인 미파 호텔 옥상에 올라가니 이게 웬일인가. 어제와는 달리 후지산이 바로 내 눈앞에서 구름 띠를 두르고, 그 고고한 자태를 드러내고 있었다. 놓칠세라 초점도 맞추지 않고 셔터를 누르고 또 눌러 촬영에 성공했다. 엊그제 고생길에도 보지 못한 후지산을 이렇게 보았다니. 촬영에 성공한 기쁨에 빠진 필자는 부랴부랴 카톡으로 지인들한테 후지산 사진을 보내려 했다. 그런데 무심코 핸드폰의 시계를 보니 시간이 새벽 4시 40분이었다. 모두가 곤히 잠자고 있을 이른 새벽이 아닌가. 그제야 정신이 들어 즉시 보내는 것을 멈추었다.
　미파 호텔은 오래된 다다미방이 있는 구식호텔이지만 마음씨 좋은

48일 차 요시와라-미시마 여정도

주인장이 만든 음식이 일품 요릿집 못지않게 맛있었다. 이 호텔은 지하에 욕실이 있다. 일본의 오래된 호텔이 다 그렇긴 하지만 목욕탕이라야 3~4명이 들어가면 꽉 찰 정도로 작았다. 그런데도 워낙 관리가 잘 되어 물이 깨끗하고, 이용에 아무런 불편이 없을 정도였다. 이른 아침에 일어난 김에 여유롭게 혼자 탕을 차지하는 기쁨을 누렸다. 오늘은 여러모로 하루의 시작이 좋았다.

아침 식사를 한 후 7시에 숙소 근처에 있는, 역원도 없는 아주 작은 요시하라혼조 역에서 기차를 탔다. 요시와라(吉原) 역에 도착해 약 200m 정도 남쪽으로 걷자 오늘의 출발지인, 이 지역 쓰나미 대피소가 있는 소공원이 나왔다. 쓰나미 때 대피하기 위해 세워진 철탑 아래에 이미 참가자들이 많이 모여 있었다. 그중에는 한국국제걷기대회와 서귀포국제걷기대회에 참가해 안면이 있는 분들도 여럿이 있었다. 그들 대부분은 현지 동시즈오카 걷기협회 회원들이다. 서로 낯을 익혔던지 우리를 알아보고는 반겨 주셨다. 곧이어 8시 20분에 출발식이 거행되고 필자가 출발식 인사말을 전했다. 공원에 모인 사람들을 향해 한국의 각종 걷기대회에 참가해 주셔서 감사하다는 인사와 함께 서울에서 개최되는 제17회 'IVV(국제시민스포츠연맹) 올림피아드'에 많이들 참가해 달라고 당부했다.

이어 출발과 동시에 센본마츠바라(千本松原) 소나무숲에 도착했다. 2년 전 왔을 때는 이곳 해변이 해일을 맞아 참혹한 풍경이었다. 방파제가 파괴되어 삼각형의 잔해가 제멋대로 나뒹굴고, 소나무 방풍림들이 바닷물에 시뻘겋게 타죽어 있었다.

그러나 오늘 와 보니 그때의 강렬하고 안타까운 풍경은 사라진 지 오래였다. 쓰나미로 인해 씻겨 간 소나무들을 보았을 때만 해도 다 죽은 줄로만 알았는데, 자연의 생명력은 놀라워서 언제 그렇게 상처를 입었냐는 양 모두 새롭게 움트고 자라서 예전의 모습을 되찾아가고 있었다. 나는 오늘 이 길을 걸으면서 자연의 자생력과 복원력에 대해 새삼 놀라지 않을 수가 없었다. 자연의 자생력을 알려면 이 길을 걸어 보라고 권하고 싶다.

센본마츠바라 소나무 숲길은 긴 방파제와 10km가 넘는 소나무 방풍림과 넓은 바다가 함께 어우러져 장관을 이루는 곳이다. 교토와 규수에 있는 숲길들과 함께 일본의 3대 소나무 숲길을 이루는 곳이다.

우리가 가는 방파제 뚝 길에서 오른쪽은 넓은 바다며, 왼쪽은 긴 소나무 숲으로 그 뒤로 멀리 후지산이 보인다. 오늘은 이 방파제에서도 후지산이 보였다. 후지산은 부끄러운 듯 흰 고깔을 쓴 어린아이의 해맑은 표정이 되어서는 구름과 구름 사이 얼굴을 잠깐 내밀었다 숨었다 숨바꼭질을 했다. 참가자들은 모두 어제 못 본 후지산을 보느라 정신이 없었다. 수많은 사람이 모두 한 몸인 양 카메라나 핸드폰을 든 채 후지산을 보며 걷는 모습이 제법 재밌었다.

1시간 30여 분 동안 방파제길과 소나무 숲길을 번갈아 가며 걸어서 숲길이 끝나자 점심시간이 되었다. 그래서 엔도 회장과 필자는 함께 점심을 먹고 나왔는데, 일행들 모두가 우리를 기다리지 않고 먼저 가 버려서 당황스러웠다. 한편으로는 괘씸한 마음이었지만 한편으로는 일본인의 속성인가 싶기도 했다. 지위의 높낮이에 상관없이 약속 시간을 지키지 않으면 안 된다는 교훈을 던져 주었다.

남은 소나무 숲길을 통과해 후지(富士) 시와 누마즈(沼津) 시의 경계에 들어서니 옛 통신사가 지나는 길목에 있는 누마즈시청에서 누마즈 시장이 우리를 기다린다는 전갈이 왔다. 리더가 뒤처진 필자와 엔도 회장을 찾아 고함을 지르며 앞으로 오라고 손짓을 했다. 숨 돌릴 틈도 없이 걸어 시청에 도착하니 일요일인데도 불구하고 자기네 시가 조선통신사와 관계가 깊다면서, 시의 홍보를 위해 시장이 직접 나와 우리를 기다리고 있었다.

예정에도 없었던 일이라 당황스러운 한편 한국의 지자체 생각이 났다. 우리나라의 경우는 주말에 공문을 보내고 협의를 하면 일요일이라 협조할 수 없다는 대답이 돌아오곤 했다. 그런가 하면 자기부서 담당이 아니라고 공문이 관공서 안에서 빙글빙글 돌다가 잃어버리는 경우도 허다했다.

지금 일본의 경우는 때마침 10일간 휴가를 즐기는 황금연휴에 우리가 한·일 우정 걷기를 나왔는데도 휴일에도 아랑곳하지 않고 각각의 시(지자체)마다 환영과 환송을 마다하지 않았다. 이렇듯 확연하게 다른 두 나라 공무원들의 복무 자세에 놀라움을 금치 못했다. 조선통신사라는 역사적 행적을 대하는 양국의 이러한 인식과 마음가짐의 차이를 어떻게 표현해야 할지, 어리둥절할 뿐이었다.

누마즈시 시장은 인사말을 통해 한·일 양국이 조선통신사로 훌륭한 문화를 교류했고, 그 자료들이 유네스코에 기록문화유산으로 등록되었음을 자랑스럽게 강조하면서, 선인들이 남긴 유대와 전통을 이어받아 계승 발전시켜 나가기를 기원한다고 말했다.

우리 일행은 그 후 거기서 미시마(三島) 시가지를 가로질러 오후 3시 45분에 시 중심부에 있는 미시마 신사에 도착했다. 매년 그랬듯이 올해도 '동시즈오카 걷기협회' 회장이 시원한 캔맥주를 준비해 주서서 갈증과 피로를 풀게 했다. 우리는 마지막 도착지점인 미시마 대신사에서 다른 곳과 마찬가지로 간단한 완보증 수여식을 하고, 2km를 더 걸어서 숙소에 도착했다. 오늘은 저녁을 조별로 했다.

한·일 우정 걷기 48일 차 일정 중 바닷가 방파제를 걷는 걷는 손명곤부회장과 김태호교수(앞줄)

나무숲 길옆으로 웅장한 자태를 살짝 드러내 보이는 후지산

후지요시다(富士吉田) 지역에서 바라본 후지산 일대 봄 풍경

> 제7차 21세기 조선통신사 서울-동경 한일 우정 걷기
>
> **49일 차 (5월 19일)**
>
> 일정 : 미시마 대신사에서 가나가와현 하코네까지 28km

참가자 평균 연령 72세 노인들, 하코네 고개서 체력 과시

　미시마(三島) 대신사를 출발해 6차 때 출발지인 즈카공원(坂公民館)에서 첫 번째 휴식을 취하기로 했다.

　즈카공원에 이르기 전 오르막길이 시작되는 입구에 '하코네로(箱根路)'라는 표지석이 있었다. 그 옆에 작은 바위가 하나 놓여 있기에 물끄러미 보고 있노라니 거기에 '조선통신사 길'이란 글을 새겼으면 하는 생각이 번뜩 떠올랐다. 엔도 회장과, 동시즈오카걷기협회 회장인 오다쿠 회장에게 의견을 물었더니 좋다고 했다. 8차 기행 때는 꼭 실현해 보자고 약속했다. 발길은 비탈진 산길을 향해 내 닿지만 좀처럼 앞으로 나아가지 않는다.

　오늘은 해발 840m의 하코네하치리(箱根八里)의 산을 넘는 코스다.

'하코네하치리(箱根八里)'는 미시마에서 오다하라까지 8리(32km) 구간을 말하는데, 걷기에 무척 힘든 코스이긴 하지만 산길을 좋아하는 산사나이들에게는 정말 매력적인 코스이다.

즈카공원을 출발해 30여 분을 걸었을 때 갑작스럽게 비가 내리기 시작했다. 참가자들의 평균 나이가 72세의 노령이라 걱정이 눈처럼 쌓이기 시작했다. 이렇게 비가 오는 날에 이끼 낀 미끄러운 자갈길을 걷는다니. 이러한 산길을 두 개나 넘어야 하므로 정신을 바짝 곤두세우지 않으면 큰 사고로 이어질지도 모른다.

그러나 노련한 오다쿠 회장을 비롯해 회원들이 안전을 위해 최선을 다해 주어서 다소 안심이 되었다. 산을 넘는 길목에는 하늘을 찌를 듯한 울창한 삼나무 숲과 신우 대나무가 터널을 이루고 있었다. 자연이 빚은 경치는 그야말로 신비롭고 아름답기만 했다.

정상에 오르니 거기서 시즈오카현이 끝나고 가나가와현(神奈川県)이 시작된다. 정상에서 내려가니 맑은 호수가 있고, 그 옆에는 하코네 관문이 있다. 관광지로 유명한 이곳 호수에서도 날이 좋으면 저 멀리 후지산이 보인다. 이곳까지 우리 일행을 리드해 주었던 동시즈오카걷기협회 회원들이 가나가와현걷기협회 회원들에게 리더 임무를 인계해 주는 교대식도 가졌다. 나로서는 볼 때마다 무척 부러운 순간이다. 일본인들은 조직에 대한 충성도가 높다. 봉사하는 일이더라도 자신이 맡은 직분과 그 책임을 충실히 이행하는 그 광경을 보면 고개가 절로 숙어진다.

일행은 여기서 각자 점심을 해결하고 12시 35분에 다시 길을 나섰다. 하코네 관문을 통과해 350년이나 된 삼나무들이 즐비한 숲길을 지나 하코네유모토(箱根湯本)로 향했다. 참고로 하코네유모토는 하코네에서 가장 오래된 온천마을로 1,200년의 역사를 자랑하는데 이곳에는 20여 군데의 온천장, 총 40여 개의 온천탕이 들어서 있다.

옛 제7회 조선통신사 사절이 하코네 고개를 넘을 때는 흰 눈이 내렸다고 한다. [동사록]에는 그때의 일을 "어젯밤 눈이 내려 고갯길이 매우 질탕인데, 밤새 대나무를 잘라 눈 위에 깔았더니 마른 땅을 밟은 듯했다"라고 기술하고 있다. 이처럼 옛 사행들의 기록을 보면 날씨 때문에 길이 궂어도 무사히 걸을 수 있도록 막부 측에서 신속하고 빠른 대응을 해 주었던 것으로 보인다.

산길은 7~8km나 되는 매우 구불구불한 긴 내리막길로 좀 지루한 길이나, 삼나무를 비롯한 숲길이 아름다웠다. 모두 다 산림욕으로 자연 치유를 하는 기분으로 걷고 또 걸었다.

오전 8시에 출발한 우리 일행은 오후 5시나 되어서 하코네유모토 본탕 앞 주차장에 도착해 스트레칭을 한 뒤, 이토원 호텔에 여장을 풀고 호텔에 있는 온천에서 피로를 풀었다.

오후 7시부터 시작된 호텔 만찬은 그야말로 꿀맛이었다. 다양한 메뉴와 주류는 무한리필이었다. 한·일 코스 중 가장 난코스 중 하나인 코스를 무사히 마쳐서인지, 아니면 갈증을 못 이겨 마신 시원한 맥주 때문인지 기분은 참 홀가분했다. 일본의 하코네 온천장은 누구나 한 번쯤 와보고 싶어 하는 곳이다. 그런 곳에서 멋진 분들과 하룻밤을 묵다니 얼마나 행복한 일인가.

이날 밤에는 필자는 전 한화그룹 부회장인 허원준 회원과 역시 전 한화그룹 임원인 최영우 회원과 함께 잤다. 두 분 다 큰 수술을 받는 등 힘든 일을 겪었던 분들이나, 어려운 일이 있을 때마다 긍정적 사고로 대응하고 있다는 얘기를 나누었다. 지금도 그러한 마음으로 조선통신사 한·일 우정 걷기에 참여하고 있다고 했다. 그런데 생각지도 못한 양말 때문에 걷기가 힘들었다는 소소한 불평도 나왔다. 왜 미리 가르쳐 주지 않았느냐고 실랑이를 하다 잠에 취해 자고 난 후 아침에야 그 해결 방안을 찾았다.

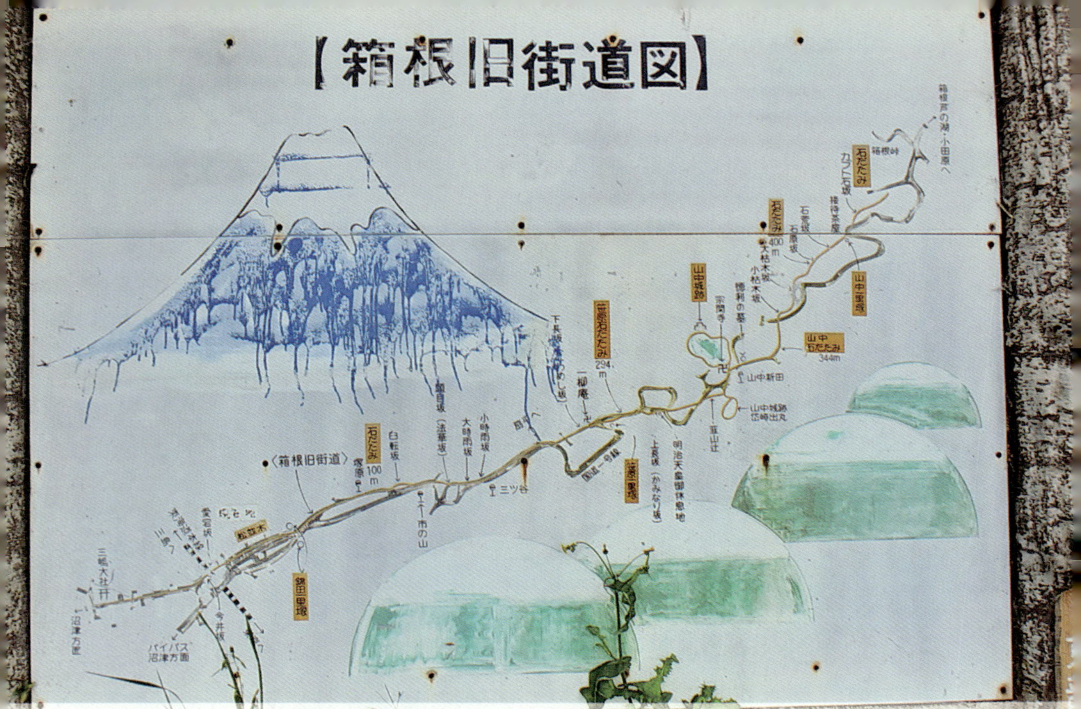

하코네구가도(箱根舊街道) 입구 걷기 안내도

'조선통신사로'를 새겨넣기로 한 '하코네로(箱根路)' 표지석

해발 840m의 하코네하치리(箱根八里)의 산을 넘는 참가자들

길을 걷다가 잠시 휴식을 취하며 딸기로 요기하는 여성 참가자들

동시즈오카걷기협회장이 가나가와현걷기협회장에게 조선통신사기를 넘기는 장면

제7차 21세기 조선통신사 서울-동경 한·일 우정 걷기
50일 차 (5월 20일)
일정: 하코네유모토에서 히라즈카까지 28km

1,300년 전 고구려 유민들이 일본 열도로 이주했다니

지난 6차 기행 때는 미시마에서 오다와라까지 걸었으나, 이번 7차 때는 거리와 숙소 때문에 도착지를 변경해 하코네까지 걷고, 오늘 아침에는 하코네에서 출발해 오다와라까지 걸었다.

여느 때와 마찬가지로 6시 30분에 호텔 지하 1층에 있는 차에 짐을 싣고, 7시 30분에 호텔에서 식사하고 8시에 호텔을 출발해 하코네 출발장소인 유모토 역에 갔다. 이미 우리 일행을 인솔할 가나가와현 워킹협회의 다카다 회장(일본워킹협회 상무이사이기도 하다)을 비롯한 리더들이 나와 있었다. 그리고 평화통일연합 중앙본부 김원식 사무총장과 그 일행들이 김치를 갖고 오셔서 우리를 열렬히 환영해 주었다. 간단한 출발식을 마치고 오다와라 시내로 접어들었다. 6차 때 코스와는

50일 차 하코네유모토-히라즈카 여정도

다른, 오다와라 시내를 통과하는 도카이도를 따라 걸었다.

길을 걷다 간간이 만난 일본인들은 인사도 잘하고, 웃는 얼굴로 친절하게 대해 주었다. 우리는 지금 서울에서부터 동경까지 걸어간다고 말하면 이들은 일본인 특유의 깜짝 놀라는 모습을 보였다. 그리고 아낌없이 격려해 줬다.

오다와라 역을 지나고 긴 시가지를 지나 12시경에 고우즈(國府津) 역 앞 공터에서 점심을 먹었다. 오후 1시경에 오후 출발이 시작되어 1시간쯤 걸으니 니노미야(二宮) 역에 이르렀다. 거기서 잠깐의 휴식을 취하고, 무거운 발걸음을 옮겨 갈 길을 재촉하다 보니, 오후 4시경 길가에 낯익은 지명이 나타났다. 바로 '오이소'라는 지명인데, 이른바 오이

소시로야마(大磯城山) 공원을 가리키는 이름이다. 필자가 이 지명을 기억하는 것은 이전 회차에 이곳에 왔을 때 누군가가 설명하면서 '오이소'란 경상도 사투리인 '오이소'가 전해진 것일지도 모른다고 했던 말이 떠올랐기 때문이다. 그런데 리더들이 전과 조금 다른 길을 가는 것 같아, 필자가 고려사, 즉 '고라이지(高麗寺)'가 있는 곳으로 가자고 했다.

방향을 바꾸어 이동했으니 웬일인지 내가 옛날에 보았고 똑똑히 기억하고 있었던 고려사 안내표지판은 보이지 않았다. 조금 다른 이름의 고라이 신사(高來神社)가 있었다. 신사의 책임자를 찾아 문의해보니 이 신사는 707년경 고라이지로 창건되었다가, 1897년에 사찰이 폐지되면서 고라이 신사로 개칭되었다고 했다. 1,300년 전에는 이 신사의 주변에 고구려 유민들이 거주해서 고려라는 이름이 붙은 것으로 추정

고라이 신사(高來神社)

되는데 이름 한자까지 바꿔버린 것을 보니 역사의 흔적이 엷어진 것 같아 자못 아쉬웠다. 이곳에서 북쪽으로 60km 지점에 있는 사이다마 현 히다카시에도 똑같은 이름의 신사가 있었다고 한다. 그래서 요즘 이곳 고라이 신사(高來神社)와 히다카시의 고라이 신사를 연결해 3박 4일에 달하는 1,300년 전의 고려 걷기 프로그램을 마련해 걷기대회를 실시하고 있었다.

옛날에 이곳까지 유랑민으로 걸어왔다는 조상들의 흔적을 느끼며, 오늘의 목적지인 히라즈카(平塚) 역으로 향했다. 얼마 걷지 않아 강을 경계로 히라즈카(平塚) 시에 접어들었다. 히라즈카 시는 올 때마다 생각하는 것이지만 왜 시의 지명에 무덤(平塚)이라는 글자를 넣었을까 하는 의구심이 들곤 했다.

마침내 오후 4시에 오늘의 목적지인 히라즈카 역에 도착했다. 이곳은 이번 7회째 처음으로 들러 숙박을 하게 되는 곳이다. 다소 생소한 곳이라 숙소에 여장을 내려놓고, 조별로 식사를 하기로 했다. 내가 있는 조는 일본인 회원인 오오시마 토시하루(大嶋敏晴)씨가 인터넷으로 찾은 전문 우동집을 찾아가기로 해 10여 분을 걸었다. 과연 전문집답게 맛깔나는 우동이 나와 잘 먹었다. 식사하던 도중 내일 비바람을 동반한 폭우가 온다는 소식을 접했다. 편의점에 가서 비닐 우비를 여벌로 한 벌 더 산 뒤 가랑비를 맞으며 숙소로 돌아왔다. 내일 폭우에 대한 준비를 단단히 하고 고이 잠을 청했다.

양종실 회원이 발에 경련이 생긴 회원의 허벅지를 마사지하고 있다

국도 1번 길을 따라 걷는 회원들

제7차 21세기 조선통신사 서울-동경 한일 우정 걷기
51일 차 (5월 21일)
일정 : 히라즈카에서 도쓰카까지 23km

폭우 대비해 형형색색 패션의
참가자들

밤새도록 오는 비가 아침이 되어도 그칠 줄을 모른다. 일본 기상청 예보에 의하면 오후 1시까지 '오아메(大雨 · 비바람을 동반한 소낙비)'가 온 후 저녁까지 비가 내린다고 예보했다.

그러나 우리 일행은 일정대로 움직여야 23일에 동경 히비야 공원에 도착할 수 있기에, 폭우를 헤치고 또 길을 나섰다. 히라즈카 역 앞에 가서 갈 준비를 단단히 하고 있었다. 그런데 비가 심하게 내리는데도 불구하고 그 지역의 리더는 물론, 일본인 일일 참가자가 12명이나 참가해서 놀라지 않을 수가 없었다. 게다가 출발 장소가 사람들이 다니기에도 좁고, 비가 와서 우산을 든 사람들이 움직이기 불편한 장소인데도 불구하고, 일본인들은 특유의 안전제일주의 의식을 살려 준비

51일 차 히라즈카-도쓰카 여정도

체조를 했다. 국민 의식을 엿볼 수 있었다. 모든 준비를 마치고, 출발 구호를 외치며 '오아메'도 상관없다는 듯이 오늘의 목적지인 도쓰카를 향해 출발했다.

일행은 배낭 등 모든 짐은 차에 다 싣고, '오아메'에 대한 대비를 철저히 했다. 그런데 가만히 보니까 폭우에 대비한 모양새가 너무도 형형색색이라 웃지 않을 수가 없었다. 신발이 물에 젖을까 싶어 신발을 비닐로 칭칭 둘러맨 사람이 있는가 하면, 얼굴에 비를 맞지 않으려고 머리에 비닐봉지를 뒤집어쓴 사람도 있고, 입고 있는 우비며, 쓰고 있는 우산도 각양각색이었다. 일행의 맨 뒤에서 보니 웃음이 저절로 났다.

그렇게 여유로운 생각도 잠시뿐, 시가지를 벗어날 즈음 긴 다리를 건너는데 비바람이 너무 세찼다. 자칫 우산은 물론 우리의 몸뚱이마저 바람에 날려 갈 지경이라 걱정과 두려움이 싹텄다. 회원들 50여 명의 안전도 걱정되었다. 지금이라도 오늘의 일정은 포기하자고 말하고 싶었다. 그러나 여기는 일본, 인솔의 책임은 일본 리더인 엔도 씨에게 있는지라 아무런 말도 못 하고 따라갔다.

다리 위에선 바람이 너무 불어 비닐 우비며 판초 등이 비바람에 날려 하늘로 치솟았다. 여성 회원들은 기겁하거나 괴성을 지르기도 하고, 다들 어쩔 줄을 몰랐다. 그 와중에 한국 회원인 홍형단 여사와 일본 회원인 시마 씨가 생각났다. 특히 시마 씨는 150cm대의 작은 신장에 연로하신 79세의 노인이다. 비바람을 헤쳐 찾아보려고 했으나 바로 앞뒤도 알아볼 수 없는 상황이라 방법을 찾지 못하고 어쩔 수 없이 걷기만 했다.

11시경 어느 큰 공원에 들러 휴식을 취하려 했으나, 비가 계속 내려서 잠깐만 서 있다가 또 출발했다. 지형지물도 파악하지 못한 채 발앞만 보며 허겁지겁 걷다 보니 어느새 관광·휴양도시로 해변에 위락시설을 구비한 해수욕장이 있어 '동양의 마이애미'라 불리는 후지사와(藤澤) 시의 시립공원에 도착했다.

이때 한국 팀과 일본 팀 간에 점심을 먹는 장소에 대해 이견이 생겨 혼선이 빚어지기 시작했다. 일본 팀들은 그곳 주변 마트에서 도시락을 사서 들고 이미 식사 장소를 준비해 둔 후지사와 교류관에 가서 식사하자는 의견이었다.

그러나 한국 팀은 폭우가 쏟아지는데 그냥 도시락을 그곳에서 먹고 가자는 의견을 내세웠다. 그때의 시간도 11시 경이라 어느 쪽을 선택하든 비슷해서 더욱이 망설여졌다.

우왕좌왕하다 한국 팀은 마트의 큰 건물 처마 밑에서 점심을 먹기로 했다. 빗물이 떨어지는 처마 밑에서, 마트에서 산 도시락을 먹기 시작하니, 일본 팀들도 하는 수 없이 함께 먹기 시작했다. 그렇게 외국에서 건물 처마 밑에서 걸인처럼 식사하다니, 처량하기도 하지만 이것도 이런 기회가 아니면 감히 경험해 볼 수 없는 상황이었다. 훗날에는 웃으면서 얘기할 수 있는 추억거리가 되리라. 처마 밑에서 허겁지겁 밥을 먹고도 마음만큼은 세련된 고급식당에서 좋은 식사를 한 것처럼 위풍당당하고 품위 있게 걸어갔다.

그 후 1시간여를 걷자 12시 반에 후지사와(藤澤) 시 교류관에 도착했다. 쇼난(湘南) 한·일친선협회와 민단지부의 주관으로 시 관계자들이 함께 환영행사를 마련해 주었다. 기무라 미츠오 쇼난(湘南) 한·일친선협회장의 환영사를 들었다. 이 환영사에서 기무라 회장은 "여러분은 조선통신사 한·일 우정 걷기를 통해, 한·일 두 나라 친선의 큰 역할을 하는 사절단"이라며 "남은 여정 무사히 마치기를 기원한다"라고 밝혔다. 이어서 김명숙 쇼난민단지부 부녀회장도 환영사를 해 주셨다. 그 후 기념사진 촬영을 하고 환영식이 모두 끝난 후 음료와 다과, 따뜻한 차 등을 들며 환담했다. 그러나 우리 일행은 목적지까지 또 가야 하므로 장비를 다시 갖추어 8km 떨어진 도쓰카를 향해 한 시간 정도 더 걸었다.

오후 4시경에 도쓰카(戶塚)에 도착해 일정을 마무리할 수 있었다. 6회째까지는 오다와라에서 자고 후지사와에서 잤으나, 이번에는 거리를 조절하다 보니 히라츠카에서 도쓰카까지 23km를 걷게 되었다. 나중에 뉴스를 보니 이날 폭우는 무려 190mm나 내렸다고 한다. 신문에서 강풍으로 인해 이 지역주민 여성이 다쳤다는 소식을 접하고, 놀라는 한편 안도의 한숨도 길게 내 쉬었다.

폭우에 대비해 신발에 물이 스며들지 않도록 꽁꽁 싸맨 여성 참가자들

후지사와시 교류관 환영식에서의 쇼난 한·일친선협회장님의 환영 인사

폭우에도 아랑곳하지 않고 형형색색 우비로 완전무장하고 전진하는 손명곤 부회장과 참가자

제7차 21세기 조선통신사 서울-동경 한·일 우정 걷기

52일 차 (5월 22일)

일정 : 도쓰카에서 가와사키까지 26km

긴 여정 마무리 하루 앞두고
들뜬 마음 진정시키려니

지난날만 해도 큰 비로 고초를 겪었는데 오늘은 언제 그랬냐는 듯 날씨가 말끔해졌다. 구름도 끼고 바람도 살랑살랑 불어 걷기에는 좋은 날씨였다.

옛 제8차 조선통신사 파견 당시에는 오늘날 총리 정도의 위치에 있는 아라이 하쿠세키(新井白石)가 가와사키에 있는 통신사의 숙소까지 와서 통신사 일행을 영접했다고 한다. 그런 기록들을 보면 통신사를 얼마나 극진하게 예우했는지를 알 수 있다.

그런가 하면 로쿠고가와(六鄕川·多摩川)에 도착하면 마지막 강은 막부에서 제공하는 4척의 배로 건너는데 1척은 국서, 다른 3척은 삼사가 나누어 탔다. 이 배는 비단으로 덮여 금과 칠기로 호화롭게 꾸며져

52일차 도쓰카-가와사키시 여정도

있었다. 시나가와의 숙소에 도착한 뒤에는 객관(숙소)인 도카이도지(東海道寺)에서 숙박했다고 한다.

우리는 오전 7시 20분에 숙소인 도쓰카(戶塚) 역의 대형상가 건물에 있는 호텔을 나와 출발장소인 역 광장으로 나갔다. 광장에는 이미 많은 일일 참가자들이 나와 있었다. 그중에는 오래전부터 친교를 쌓아온 탁명숙 여사를 비롯해 낯익은 얼굴들이 보였다. 반가운 얼굴들을 서로 반기면서 환영해 주었다.

오늘 참가한 인원은 68명이나 된다. 인원이 많으면 보는 이는 좋을

지 몰라도 리더하는 입장에서는 여간 어려운 일이 아니다. 하지만 사람이 많아야 행사의 격이 서는 기분이 들기에 어느 정도의 인원은 있어야 한다. 그러나 행렬이 길다 보니 역사와 문화가 서려 있는 옛 도카이도의 고갯길을 통과하는데 1시간 정도나 걸렸다. 참고로 도카이도(東海道)는 에도(江戶)의 니혼바시(日本橋)와 교토(京都)의 산조(三条)를 연결하는 가도(街道)다.

3시간 정도 걷자 점심시간이 되었다. 출발 전 도쓰카 역 광장에서 탁명숙 여사가 김태호 교수에게 금일봉을 주셔서 한국팀은 그것으로 도시락을 준비했다. 이국에서 느끼는 동포애는 더욱 진하고 감동적이었다. 고마운 마음을 모두가 오래 간직하기를 바랐다. 우리가 지금 이렇게 도움을 받듯이, 일본에서 도움을 주신 분들이 한국에 오시면 우리가 반갑게 맞이해 밥 한 끼라도 대접해야 하는데, 몇몇 분을 제외하고는 그렇게 받은 만큼 친절을 돌려드린 일이 별로 없던 것 같다. 대접을 할 수 없을 것 같으면 빈말조차 하지 말아야지 하는 생각이 든다.

12시경이 되어서 당도한 곳은 사와도(澤渡) 중앙공원이다. 준비한 도시락으로 식사를 하는데 가나가와현(神奈川県) 민단 교민들이 음료수를 일일이 다 나누어 주셨다. 얼마나 고마운 일인가!

점심을 마치고 12시 40분에 오후 길을 나섰다. 기린 맥주 공장을 거쳐 쓰루미(鶴見) 역에서 휴식하는 시간에 아이스크림을 선물 받았다. 힘들게 걸은 뒤 먹으니 그야말로 꿀맛이었다.

쓰루미 역을 2시 50분에 출발해 지루한 길을 한 시간 정도 걸어 오후 4시경에 가와사키(川崎) 역에 도착했다. 오늘 걸은 거리는 26km밖에 안 되지만 구경할 것이 적어 매우 지루하고 고통스러웠다. 그래도 내일이면 이 모든 대장정이 끝난다고 생각하니 몸은 피곤해도 마음은 저절로 들떴다. 그 기분을 즐기기 위해 일행은 전야제라는 명목으로 한자리에 모였다. 길고 긴 여정, 피로와 아픈 발과 싸웠던 시간, 출발이라는 신호를 들을 때마다 한숨을 내쉬던 순간들이 주마등처럼 스쳐 지나갔다. 우리가 이러한데 훨씬 더 깊고 무거운 국명(國命)을 띠고 온 옛 조선통신사 선조들의 당시 현장에서 느끼는 심정과 감회는 어떠했을까.

우리의 일정이야 내일 에도(江戶)에서 끝나지만, 옛 통신사 선인들은 이때부터 본격적인 임무가 시작되었을 터이다. 부여받은 왕명을 수행하기 위해 얼마나 노심초사했을까. 그러한 헌신적인 노력의 결과 근 200여 년 동안, 평화라는 값진 선물을 누린 것이 아니겠는가! 성신 우호, 믿음의 외교 정신은 국제적인 모델이 되어, 세계인들이 영원히 기억해야 할 유산이기에 그 기록물은 유네스코의 기록문화유산으로 지정되었다.

장하도다, 선인들이여! 상대의 인격을 존중하는 외교, 상생의 외교를 실현한 그 정신이 오늘에 되살아 나 현세의 난관을 슬기롭게 풀어 나가기를 바라나이다. 선조들이 이루어 놓은 그 숭고한 정신이 헛되지 않고, 이 땅에 계속 이어지도록 몸과 마음을 바치오리다.

조선통신사 한·일 우정 걷기 대장정 마지막 전날 도쓰카에서 힘차게 출발하는 참가자들

사와도(澤渡) 중앙공원에서 도시락 점심 식사 후 참가자들에게 음료수를 일일이 나눠주는 가나가와현 민단의 한 교민

끝까지 한마음이 돼 최선을 다하는 참가자들

최종 목적지를 하루 앞두고 오늘 목적지를 향해 묵묵히 걷는 참가자들

옛 도카이도(東海道)를 안내하는 도로 옆 안내판

조선통신사 한·일 우정 걷기 최종 목적지 도착을 하루 앞둔 전야제에서 회포를 푸는 참가자들

제7차 21세기 조선통신사 서울-동경 한일 우정 걷기

53일 차 (5월 23일)

일정 : 가와사키에서 도쿄까지 20km

1,200km 대장정 마무리하니
감격의 눈물만……

    5월 23일 목요일, 오늘은 서울부터 도쿄(東京)까지 걸어온 대장정의 마지막 날이다. 이번 회차에도 무사히 목적을 달성했다는 뿌듯함과 동시에 그간 정이 담뿍 든 동행인들과 헤어진다는 아쉬움이 교차해 복잡한 감정이 뒤범벅되었다. 그러면서 최종 목적지인 도쿄에 도착한다는 기쁨에 사로잡혀 마음이 들뜨기도 하였다.

    아침 7시에 숙소를 나섰다. 흥분과 들뜬 기분으로 밤을 지새웠는데도 불구하고 오늘의 출발지를 향한 일행의 발걸음은 가볍기만 했다. 때맞추어 약간 덥기는 하지만 맑고 쾌청한 날씨도 마음을 가볍게 했다.

    출발지인 가와사키 역 광장에 도착하니 하루라도 이 여정에 동참하

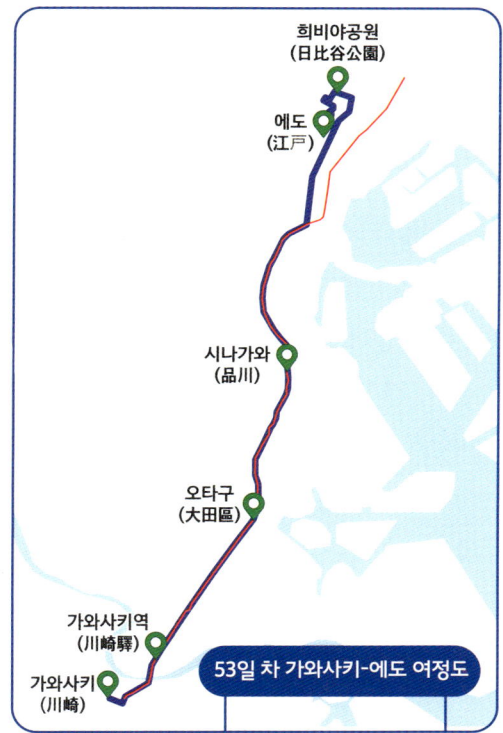

53일 차 가와사키-에도 여정도

겠다는 사람들이 많이 모여 떠들썩한 것이 축제나 다름없는 분위기였다. 그들 중에는 이번 7차 때 한국 구간이나 일본 구간의 일부를 함께 걷고 돌아갔다가 마지막 코스를 함께 하러 다시 돌아온 사람도 있었다. 그리고 이전 회차들, 1회 때부터 6회에 이르는 동안 같이 걸은 바 있던 낯익은 이들도 있는가 하면, 언론이나 페이스북을 보고 온 사람도 있었다. 사람이 많아질수록 리더는 골치가 아프지만, 이것도 오늘로 마지막이라고 생각하니 좋은 피날레라는 생각이 들었다.

우리는 마지막 출발지인 가와사키에서 마지막 출발식을 하고, 간단한 준비체조를 마쳤다. "Go! Go! Go! Let's Go!"

매일같이 외쳐온 출발 구호도 다시 외쳐본 뒤, 함께 에도를 향해 힘찬 발걸음을 내디뎠다. 이때 시간이 8시 20분이었다.

30여 분을 걷자 오타 구와 가와사키의 경계를 흐르는 로쿠고가와

(六鄕川)를 만났다. 로쿠고가와(六鄕川)를 건너면 오타 구(大田區)로 넘어오게 된다. 옛날 조선통신사가 이 강에 왔을 때는 다리가 없었기 때문에 막부가 제공하는 4척의 배에 국서와 삼사가 나누어 타고 건넜다고 한다.

그러나 현대의 우리 일행은 문명의 혜택으로 로쿠고가와(六鄕川) 위에 놓인 다리, 로쿠고교(六鄕橋)를 편안히 걸어서 도쿄도에 입성했다. 구 동해도(東海道)를 따라 50여 분을 걸어 로쿠고출장소에서 잠깐 휴식을 취하고 또 발걸음을 재촉한다. 잠깐 휴식을 취한다고 하지만 100명이 넘는 인원이 화장실을 이용하려면 많은 시간이 걸렸다. 그런데 옛날 조선통신사 사행은 4~5백 명이 넘는 인원을 어떻게 데리고 다녔을까, 도무지 상상이 되지 않았다.

일본에서 오래된 도로를 걷다 보면 부럽기만 하다. 번잡한 도시 중심의 발전 과정에서도 어떻게 옛길을 잘 보존하고, 새로 만든 길도 옛길처럼 만들어 유지하는 것일까. 일본인들은 옛것을 낡고 쓸모없는 것이라 여기지 않고 잘 가꾸고 보존해, 유물로 가꾸는 지혜가 남다른 것 같다. 그런 역사의식이 절실히 와닿을 때면 가끔 감동하고 놀라지 않을 수가 없다. 복잡한 도심지역의 길을 따라 걷다 보니 어느덧 정오가 되었다. 문득 시나가와 역 근처의 공원에서 일행을 멈추고, 이 근처 가게에서 식사하라는 전갈이 갑작스럽게 전해졌다. 한국 팀으로서는 당황할 수밖에 없어 불만들이 터져 나왔다. 언어도 문제지만 예정에 없던 일이라 이곳에서 무엇을 어떻게 사 먹을 수 있는지를 모르니 당연한 불만이었다. 그래서 어떤 이들은 그냥 굶기도 했다. 마지막 날 좋은 기분으로 목적지에 도착해야 하는데, 기가 막힐 일이었다. 마지막에 유종의 미를 거두어야 할진대 모든 일을 허사로 만드는 것 같아 안타까웠다. 모두 장거리를 걸어왔고 지친 몸이라 사소한 일에도 신경이 쉽게 날카로워질 수 있기 때문이다. 그러나 모두 슬기롭게 이해하고, 주어진 현실을 극복하는 데에 최선을 다해 주셨다. 그리하여 원만하게 마지막 행선지를 출발할 수 있었다.

옛날 조선통신사는 에도에 들어오면 니혼바시(日本橋)로부터 아사쿠사(浅草)를 거쳐서 객관이 있는 히가시혼간지(東本願寺)로 갔다. 당시 에도의 인구가 백만 명 정도였는데, 많은 이들이 조선통신사의 행렬을 구경하러 나와 장사진을 이루었다고 한다. 그때의 에도는 이제 천만 도시 도쿄가 되었는데, 도쿄 시민은 그때만큼 우리 일행을 관심 있게 봐 주지 않는 것 같았다. 그래도 우리 일행은 아사쿠사를 지나 옛 조선통신사 일행이 숙소로 사용했던 히가시혼간지를 들르고, 시바공원에서 휴식을 취했다. 이후 전열을 가다듬고 우리를 마중 나온 민단중앙본부장과 함께 일본 천황이 기거하는 황거(皇居) 앞 광장을 한 바퀴 빙 돌았다. 정말 외교관이 된 것처럼 엄숙한 마음으로 걸어봤다. 그리고 드디어 우리의 최종 목적지, 히비야(日比谷) 공원에 들어섰다. 히비야(日比谷) 공원은 1903년에 일본 최초의 서양식 정원으로 문을 연 공원으로 긴자와 신주쿠를 연결하는 지역에 있는 도심 속 공원이다.

최종 목적지인 히비야 공원에는 풍악과 함께 많은 환영객과 언론사 기자들이 모여 있었다. 이 감격스러운 순간을 놓칠세라 사방에서 카메라의 셔터를 누르는 소리와 펑펑 터지는 플래시 빛이 번쩍였다. 도착지에는 재일본대한민국 민단중앙본부를 비롯한 여러 단체에서 보내온 환영 플래카드가 우리를 환영하는 듯 나부꼈다. 참가 대원 중에는 벌써 목적 달성이라는 감격에 북받쳐 울먹이는 사람들도 있었다. "고맙습니다. 감사합니다"라는 말이나 연거푸 할 뿐 목메어서 말을 잘 하지도 못했다. 그 억센 비바람과 험한 길을 헤쳐 1,200km를 걸어왔으니 어찌 감격스럽지 않을 수가 있겠는가! 그 마음을 모를 수가 없으니 결국 모두 눈시울을 붉히고 말았다.

감격의 눈물 속 울부짖음에는 안타까움도 서려 있었다. 조선통신사 한·일 걷기 기행도 이번 해로 7번째이다. 한·일 양국이 조선통신사의 숭고한 정신 아래 더욱 가깝고 상생하기를 바라면서 2007년부터 서울에서 도쿄까지 1,200km에 달하는 길을 7번이나 걸어왔다. 이러한 염원을 모아서 한·일 양국이 성신 우호로 평화롭고 우정어린 이웃사촌이 되기를 바랐는데, 요즘 한·일 양국의 관계는 서로 끝까지 갈 데까지 가보자는 듯이 악화일로에 있다. 한·일 양국이 평화롭고 의롭게 지내기를 바라는 마음으로 절규했건만 돌아오는 메아리가 없으니 슬프고 슬펐다.

이윽고 도착환영식이 시작되었다. 일본의 엔도 회장이 우리가 도착했다는 보고를 하고, 필자가 제7차 21세기 조선통신사 서울-동경 한·일 우정 걷기 깃발을 일본에 인도하고, 이수원 동경민단 단장이 환영사를 해 주었다. 참가한 일행들을 각각 소개하고 환영식을 마쳤다. 단체기념 사진을 찍고 저녁 환영 만찬을 위해 우리 일행은 오후 4시경에 전철로 이바다에 있는 숙소로 향했다.

숙소인 유스호스텔에서 방 배정한 뒤 옷을 갈아입고, 숙소에서 걸어서 약 30분 거리에 있는 연회장으로 발걸음을 옮겼다. 옛 통신사 행렬을 대표로 재현하는, 정사 역을 맡은 박윤희 교수, 부사를 맡은 박해룡 선생, 종사관역을 맡은 박태수 교장 선생님은 일찍 가서 삼사복을 착용하고 우리를 반겼다.

오후 7시에 시작된 도착 환영만찬회에는 일한의원연맹회장과 재일본대한민국민단중앙회장, 일본걷기협회회장, 아시아시민스포츠연맹회장, 주일 한국대사관 관계자 등 많은 분이 완보를 축하하러 와 주셨다. 각계 인사들의 축하 인사를 들은 뒤, 정사인 박윤희 교수가 답사와 완보증을 수여하고, 그 후 화기애애한 분위기로 환영 만찬을 했다.

박윤희 교수는 답사에서 일본 전국시대를 마감하고, 일본 통일을 이룬 세 인물의 성격과 리더십을 비교 분석하면서 세 인물이 새장에 갇혀 있는 울지 않은 두견새를 다루는 방법을 이야기했다. 통일의 기초를 닦은 오다 노부나가는 "새가 울지 않으면 죽여라"라고 했고, 통일을 이룬 도요토미 히데요시는 "어떻게든 울게 하라"라고 했다. 반면 일본의 통일을 완전하게 이룬 도쿠가와 이에야스는 "새가 울 때까지 기다려라"라고 했다. 필자는 그 이야기의 끝에 나온 도쿠가와 이에야스가 말한 것처럼 한·일 관계는 급하게 서두르지 말고, 때가 올 때까지 기다리는 것이 좋을 것이라는 의미로 받아들였다.

끝으로 필자가 8차 때도 여기에 계신 모든 분이 다 함께 걷기를 바란다고 인사말을 한 후, 아리랑과 후루사또를 부르며 대장정을 마감했다. 모든 아쉬움과 미련은 접어둔 채 우리 일행은 어깨동무를 한 채

일정 마지막 날 도쿄도 입성을 눈앞에 두고 로쿠고교(六鄕橋)를 건너는 참가자들

노래를 부르며 숙소로 돌아왔다. 긴 거리를 함께 걷자 모든 사람이 한마음이 된 것만 같았다. 그날 밤은 돌림노래를 부르듯이 똑같은 인사말을 서로 서로에게 돌려주었다.

"모두 편안한 밤 되세요. 그동안 고생 많이 하셨습니다. 감사합니다."

일본 천황이 기거하는 황거 앞 광장을 한 바퀴 빙 도는 참가자들

한·일 우정 걷기 참가자들이 도쿄 히비야 공원에 들어서자 열렬하게 환영하는 도쿄 시민들

손에 손잡고 대장정 완주의 감격에 겨워 히비야 공원에 들어서는 참가자들

두 달여의 기나긴 대장정을 마무리한 보람을 만끽하며 북받쳐 흐르는 눈물을 주체하지 못하고 서로 포옹하는 참가자들

조선통신사 한·일 우정 걷기 행사를 마무리하고 (좌로부터 장정길 박해룡 박윤희 홍형단 박태수 선상규

일한친선협회중앙회장 겸 일본 중의원 의원 카와무라 타케오(河村建夫) 회장

조선통신사 한·일 우정 걷기 참가자들 단체 사진

조선통신사 한·일 우정 걷기 참가자들의 히비야 공원 단체 사진

도쿄 교엔 공원의 봄 풍경

부록 ①

'21세기 조선통신사
서울-동경 한·일 우정 걷기' 교훈

◆ 21세기 조선통신사 서울-동경 한·일 우정 걷기란?

조선통신사는 1607년부터 1811까지 12차례, 조선 국왕이 일본의 요청을 받아 당시 일본의 실질적인 최고 통치자인 막부의 쇼군에게 보낸 외교사절을 일컫는다. 이 통신사 파견은 임진왜란 이후 국교가 끊겼던 조선과 일본이 전쟁 이전처럼 다시 사절을 파견해 선린 우호 관계를 회복하고, 평화롭게 공존하려던 노력의 일환이었다.

'서울-동경 한·일 우정 걷기'는 이렇듯 약 400여 년 전 우리의 옛 조상들이 한·일 선린우호 관계를 이루기 위해 노력했던 그 숭고한 정신과 문화적 유산을 계승 발전시키고자 기획된 걷기대회다. 한·일 민간차원의 레벨에서 한국인과 일본인이 함께 어우러져 조선통신사 옛길을 걷고 어울리면서 오늘날 한·일 우호 관계의 새로운 패러다임을 만들고, 지속적인 친선관계를 돈독하게 만들어 가는 것이 목표이다.

이러한 취지로 한국체육진흥회, 한국걷기연맹과 일본걷기협회가 공동으로 주관해 2007년, 1607년 옛 조선통신사를 처음 파견한 지 400년을 맞는 해에 1차 걷기 행사를 열었다. 그 후 2009년(2차), 2011년(3차), 2013년(4차), 2015년(5차), 2017년(제6차) 2019년(제7차)에 이르기까지 14년간 꾸준히 행사를 개최해 왔다.

◆ 7차에 이르기까지 우리는 무엇을 했는가?

첫째, 잊혀가던 역사유산, 조선통신사의 존재를 사람들에게 다시금 인식시키는 데에 기여했다. 통신사가 지난 옛길 구간을 발굴하고 답사한 뒤 걷기 행사를 준비하는 과정에서 한국 내 연고지 지자체의 협조를 받아야 했다. 이에 따라 옛길이 있던 지역의 지자체와 주민에게 조선통신사가 지나갔던 옛길의 존재를 다시금 알리고 그 중요성을 다시 강조하면서 통신사의 역사적 의미를 되새기고 각인시키는 활동을 했다. 또한 옛 통신사의 정사 복장을 한 채 NHK 국제방송에 출연해 조선통신사 기록문화유산 유네스코등록에 관한 대담을 하기도 했다. 일본 국민에게도 한·일 교류의 역사에 대해 대대적으로 알리는 좋은 기회가 되었으며, 아사히 신문을 비롯한 각종 언론에도 조선통신사에 대해 홍보했다. 그리고 한·일 양국에서 조선통신사에 대한 세미나(조선통신사 유네스코등록에 관해)를 개최하는 등 학술적인 노력도 아끼지 않았다. 이로써 2017년에 조선통신사를 유네스코 기록문화유산을 등록하는 데 간접적 지원을 했다고 볼 수 있다.

둘째, 조선의 통신사들이 이룬 성신 교린 정신을 민간의 차원에서 실천했다. 한·일 우정 걷기는 한국과 일본에서 자유 참가자를 받아 서울에서 도쿄까지 50여 일 동안 통신사가 지난 옛길을 그대로 걷는 것으로 이루어진다. 즉, 양국의 국민이 긴 시간 동안 동고동락하면서 대장정 걷기 코스를 걷게 함으로써, 국가 사이의 경계를 허물고 사람 대 사람으로서 만나 서로의 문화나 생활방식을 알아가고, 이해하고 교류해 보는 시간을 제공했다. 그뿐만 아니라 참가자들은 단순한 장거리 보행자가 아닌, 민간 외교 사절단이란 의식을 지니고 걷기에 통신사가 지나온 옛길과 그 유적들을 방문해 보면서 양국이 서로 사절을 보내 가며 다져온 선린 우호와 평화 공존의 가치를 몸소 체험할 기회를 지니게 된다.

그 외에는 재일 대한민국인들을 찾아가 만남의 장을 열고 함께하면서 외국에 사는 애환과 고달픔도 달래고 동포로서의 정도 나누며, 같은 피가 흐르는 민족의 자긍심을 높이는 역할도 했다.

◆ 그동안 어떤 활동을 했는가?

우선 조선통신사 옛길 서울—동경 전 구간을 답사해 현대적인 길을 완성했다.

그리고 이 옛길 구간을 알리는 앱을 제작해 일반인들도 쉽게 정보에 접근해 이용할 수 있도록 했다.

아울러 조선통신사가 유네스코 기록문화유산에 등재되는데 간접적으로 지원했다.

앞서 기재한 것 외에 구체적인 활동상황으로는 조선통신사 유네스코 기록문화유산 등록 기원 만장기와 제켄(등이나 가슴에 붙이는 헝겊으로 된 번호판 또는 행사표시 글)을 만들어 통신사의 의의를 홍보한 일이다. 그리고 한·일 양국에 기념 식수(영천·이즈하라 시청·나고야 묘렌지)를 해, 양국의 우호 증진에 상징성을 부여했다.

그리고 조선통신사란 키워드로 지자체 및 관련 단체들에게 자극을 주는 기폭제가 되었다. 역사적인 행사를 재연하는 행사나 관련 조직을 창립하는 등 현대에도 옛 통신사를 기리고 그 의미를 다질 수 있는 사업들이 실현될 수 있도록 노력을 아끼지 않았다.

◆ 조선의 통신사는 성신·교린 외교 사절단이다

간혹 한·일 양국의 일부 학자들이나 지식인들은 조선통신사가 조공사절단으로 보는 이도 있다. 그러나 우리들이 옛길을 조사하고 직접 답사하기도 하면서 파악한 내용으로 봐서는 조선의 선진문물을 전달해 준 문화사절단이라 확신을 지니게 되었다.

조선통신사는 일본에 머무는 동안 상당히 귀한 예우를 받았다. 애초에 통신사의 파견은 조선이 먼저 제의한 일도 아니다. 일본 막부의 도쿠가와 쇼군이 몇 번 요청한 끝에 파견된 것이다. 아울러 조선 왕조는 전란이 있었던 만큼 침략 사실에 대한 사죄, 재침하지 않겠다는 약속, 선릉을 능멸한 자를 처벌, 피로인(被擄人) 송환 등의 파견 조건을 제시했다. 일본 막부가 그 조건을 모두 충족하지는 않았으나 양측 통신사가 12차나 파견되었던 것으로 보아 요구조건을 충족시키려고 노력하는 성의는 보였을 것으로 생각한다.

그리고 통신사의 여행 경비를 일본 막부에서 부담했다. 뿐만아니라 본문 중 서술한 하마노코 일화에서도 볼 수 있듯이 막부는 경비 사용 후 남은 돈을 조통사에게 돌려 주려 한 적도 있었다. 이밖에도 음식, 경호, 숙소도 융숭하게 준비해 통신사 일행을 맞았으며 조선인가도(朝鮮人街道)나 삿타도오게(薩埵峠) 등 통신사 전용 길을 만들어 주기도 했다.

아울러 통신사는 자진해서 많은 문화유산을 일본 방문지에 남겨놓고 갔다. 그중 일부는 일본의 지식인이나 고승들이 사절단을 찾아와서 필담을 나누는 등의 교류도 한 뒤 휘호나 그림 등을 선물로 내준 것이다. 그리고 단순한 관리들뿐만 아니라 마상재 등의 기능인들을 초청한 것에서 문화 교류를 시도한 일면을 엿볼 수 있다.

◆ '서울-동경 한·일 우정 걷기'가 21C 평화 사절단 정착 염원

조선통신사 옛길을 따라 걷다가 문경 새재의 정상에 올랐을 때 나는 참가자들에게 이런 말을 했다.

"똑같은 길인데 새재에서 남으로 가면 평화와 우정과 사랑의 길인데, 북으로 가면 침략과 억압의 길이 되곤 했다. 이제 이 길을 영원한 평화와 우정과 동아시아 번영의 길로 만들어 세계 평화의 모델 길로 만들어야 한다."

통신사 옛길에는 한국과 일본이 역사 속에서 함께 겪은 전쟁의 흔적들도 남아 있다. 임진왜란 때 탄금대에서 원통하게 목숨을 잃었던 사람들도 있었고, 2차 대전 때 원폭을 투하한 히로시마에서 희생된 사람들도 있었다. 얼마나 비참하고 통탄할 일인가. 누구를 위해서, 누가 그들의 고귀한 생명을 앗아 갔나? 그런 아픔의 장소를 거쳐 가면서 우리 참가자 일동은 고개 숙여 고인들의 명복을 빌었고, 또한 다짐한 바가 있었다. 어떠한 이유에서도 전쟁만은 안 된다는 신념이다.

조선통신사는 과거 끊길 뻔했던 국교를 다시 잇기 위해 한·일 양국이 서로 손을 내밀어 지혜롭게 평화 공존하려 노력한 사례이다. 이 선린 우호 정신은 각국의 이해관계를 넘어서 가깝게 사는 지구촌의 이웃으로서 신뢰와 우정을 나누어 평화를 구축할 수 있다는 데에 가장 큰 의미가 있다. 이 의미가 "사람의 마음속에 평화의 울타리를 만든다"라는 유네스코의 이념에 들어맞아 기록문화유산으로 등록될 수 있었다. 그러니 '서울—동경 한·일 우정 걷기'는 한·일 간의 문화 교류 및 우호증진뿐만 아니라 함께 평화 행진의 실행을 위해서라도 몇 회 정도는 계속 이어지게 될 것이다. 이렇듯 민간 차원에서 양국의 사람들이 서로를 향한 편견과 몰이해를 깨뜨리고 서로의 인격을 존중하며 지내려는 노력이 한·일 양국 관계에도 영향을 주어서, 겨울과도 같은 냉랭한 관계에 평화로운 기운을 불어넣었으면 하는 바람이다.

부록 ②

내가 체험한 일본·일본인·일본 문화

'21세기 통신사 서울—동경 한·일 우정 걷기' 7차에 걸쳐 필자가 본 일본인·일본 문화와 옛 조선통신사의 성신, 교린 외교의 숭고한 정신에 대한 현대적 활용에 대하여 느낀 점은 매우 단편적이다. 아울러 매우 감각적일 수 있고 피상적일 수도 있다.

그러나 필자가 양국을 왕래하면서 체험으로 얻은 결과물이다. 그런 면에서 이 책을 읽으신 분들의 넓은 아량과 이해를 바란다.

필자가 일본을 어렴풋하게나마 알기 시작한 것은 걷기운동 교류를 위해 일본을 왕래하기 시작한 1995년도부터이다. 그때부터 지금까지 이해 관계없이 일본을 왕래한 것이 100여 회 이상 되는 것 같다. 그동안 참의원에서부터 현지사·시장·교수·신문사 사장 등은 물론 일반 시민에 이르기까지 각계각층의 많은 분과 교류를 해왔다. 이러한 교류 활동은 물론 걷기대회를 비롯한 각종 행사에 참여하면서 보고 듣고 느낀 점을 아래와 같이 간략하게 서술하여 공유하고자 한다.

① 일본인 정신의 저변에는 천황에 대한 충성심이 짙게 깔려 있다.

천황을 중심으로 단합하는 힘은 유대인의 천민사상(天民思想)보다 더 강하여 주군을 향한 은덕에는 목숨까지 바친다. 일단 원한을 지니게 되면 끝까지 복수한다는 '사무라이 정신(무사 정신)'인 '은원(恩怨) 정신'이 일본인 의식구조의 DNA에 깃들어 있음을 느낄 수가 있었다. 예컨대 2차대전 당시 가미가제특공대의 사례를 들 수 있다. 또 천황이 기거하는 황거(皇居) 근처에서는 플래카드를 들 수 없고 농악대가 풍악을 울릴 수가 없다. 이러한 일련의 상황을 종합하여 보면 일본인들이 천황에 대한 숭배는 인간 이상으로 신격화하고 있음을 느낄 수가 있었다.

② 일본이 세계 강국으로 군림하게 된 기본 바탕에 장인정신이 살아 있었다.

일본의 장인정신은 자기가 선택한 것에 대하여 평생을 두고, 자신의 모든 정열과 노력을 쏟아붓는다. 자신이 만든 것이 최고로 인정받고, 누구도 흉내 낼 수 없는 희소성의 가치를 존중하기에 욕심을 부리지 않는다. 그러면서 항상 자기중심이 아닌 이용자의 입장을 고려하여 배려하는 마음 자세로 승부를 건다. 그래서 현지 식당을 가보면 3대 또는 100년 된 가게 등 역사와 전통을 자랑한다. 그러한 장인정신의 손길이 산업의 밑바탕에 깔려 있어서 오늘날 일본 제품의 편리성과 견고함이 탁월할 뿐만 아니라, 일본 제품이라면 믿을 수 있는 제품으로 인식하게 되었다. 그 장인정신으로 만들어 낸 신뢰할 수 있는 제품, 그 믿음의 상표가 세계시장을 석권하고 있다.

그러나 세상은 많이 변하고 있다. 자신의 것이 최고라는 자기만의 옹고집 때문에 변화하는 세계에 적응하지 못하여 시중에서 퇴출당하는 회사와 상표가 얼마나 많은가.

③ 조직문화와 왕따(이지메)

한 조직에서 단체 생활에 적응하지 못한다든가 이질적인 행동을 하면 여지없이 왕따를 시킨다. 그래서 리더에 대한 충성심과 단체를 이탈하지(왕따가 되지) 않으려고 열성을 다하는 조직문화가 형성되다 보니 현지에서 이를 피부로 절감할 수 있었다.

④ 이밖에도 일본인의 철저한 약속 준수 의식이다.

시간 약속이든 어떤 약속이든 약속을 하면 꼭 지킨다. 그러나 약속을 잘 하지 않는다는 것이다.

⑤ 사소한 것에도 가치를 부여하고 귀하게 생각한다.

옛것이라도 낡은 것이라 하찮게 여기지 않고 존재의 가치를 불어넣어 생명력을 되살리고 있다.

일례로 우리는 선물을 줄 때 크고 값진 것을 주어야 선물을 제대로 준 것 같고, 받는 사람도 선물을 받아서 고맙게 생각한다. 그런데 일본에서는 그렇지 않았다. 우리가 2007년 1차 때 쓰시마에 도착하여 쓰시마시 시장으로부터 예쁘게 포장된 꽤 큰 사각 상자를 선물로 받았다. 그때는 처음이라 그것도 일본에 건너와 시장으로부터 받는 첫 선물이라, 모두 호기심으로 그 선물을 뜯어 보고는 실망스러웠다. 그 이유는 시장이 준 선물이 고작 '카스텔라(밀가루에 설탕·달걀·물엿 따위를 넣고 반죽해 오븐에 구운 빵)'였기 때문이다. 우리를 멸시하고 조롱하며 주는 선물로 느꼈기 때문이다. 그 이후 알고 보니 일본인들의 선물은 성의이지 크고 작음에 연연하지 않음을 이해하게 되었다. 그다음부터는 종이로 접어 만든 학 한 마리를 선물 받아도 고맙다는 인사를 하였다.

⑥ 우리는 일본을 싫어하나 일본인의 문화와 생활 속에서 많은 것을 배울 것이 있다.

그 첫째가 기초질서다.

필자도 일본에서 한 번 망신을 톡톡히 당한 적이 있다.

그 이유인즉 어린이 놀이터 앞에 횡단보도가 있었는데 시골길이라 사방을 둘러봐도 차가 오지 않아 횡단보도 신호를 무시하고 건넜다. 그랬더니 일본 회원 중 한 분이 지금 어린아이가 보고 있다는 것이다. 그것은 어른들의 행동 하나하나가 아이들에게는 '살아 있는 교육'이라는 것이다. 어른들이 불법을 자행하는 것을 본 아이는 아무런 생각 없이 어른이 행한 것을 따라 하게 되며, 자신도 모르는 사이 불법을 저지르게 될 것이라는 생각이다. 반면 어른들이 법을 지켜 횡단보도의 신호등에 맞게 건너면 아이는 법규를 지키게 된다는 것이다. 이처럼 기초질서에 대해 어릴 때부터 어른들이 솔선수범하며 철저하게 교육

한다는 것이다.

두 번째는 항상 준비하는 습관이다.

식당에 가서 신발을 벗어 놔둔 것을 보면 그 주인공이 일본인인가 아니면 다른 나라 사람인가를 알 수 있다. 일본인들은 어디에 들어갈 때 신발을 신고 나가기 좋게 질서정연하게 정돈한다. 필자가 지인에게 들은 이야기다. 옛날 무사들이 적이 습격할 때나 지진 등 비상시를 대비하여 자기 신발의 위치를 인지하고, 신속하게 신발을 신고 나갈 수 있도록 신발을 나가는 방향으로 항상 준비하고 정리하는 게 몸에 배어있다고 한다.

세 번째는 초등학교(소학교) 초년생에게는 학습보다 인간윤리 교육을 우선해 시킨다는 것이다. 즉 남에게 배려하는 교육을 통하여 단체의 적응력과 함께 살아가는 사회성을 길러 주고 있다. 그래서 일본인들은 조직에서 왕따가 안 되려고 조직을 위해 최선을 다한다.

네 번째는 봉사 정신이다.

필자와 함께한 일본 조선통신사 일·한 우정 걷기회는 회원들의 보수 없는 자원봉사로 움직이고 있다. 회원들이 후쿠오카(福岡)에서부터 홋카이도(北海道)까지 각자 멀리 떨어져 살고 있는데도 불구하고, 봉사하기 위하여 그 먼 길을 자기 돈을 들여가면서 봉사하러 오는 것을 보고는 놀라지 않을 수가 없었다.

다섯 번째는 책임감이다.

자신에게 맡겨진 임무는 봉사든 노동이든 철저하다. 우리들의 파트너인 일본 조선통신사 일·한 우정 걷기회를 예를 들면 회원들 각자에게 임무가 주어지게 되면 행사가 끝날 때까지 철저하게 책임을 완수한다. 어떤 이는 기수로, 어떤 이는 인원수 파악 역할로, 숙박 장소 섭외 일 등등 스스로 자원하여 업무를 분담받아 실시하는데 정규조직처럼 움직이는 것을 보면 놀라지 않을 수가 없다.

여섯 번째는 기록·관리·보존이다.

행사 중, 또는 행사 후 기록 및 관리에 있어서 우리의 경우는 법인인데도 불구하고 행사가 끝나고 나면 어떤 물건이 어디 있는지, 무엇이 없어졌는지를 잘 모른다.

일본의 경우 비정규조직인데도 불구하고 항상 잘 정리 보존되어 있다. 신기할 정도로 잘 보존되고 있어 우리 측에서 자료를 요청할 때가 많다.

그래서인지 조선통신사에 관한 자료들이 유네스코 기록문화유산에 등록된 후 개인 또는 사찰 등에 보관하고 있던 관련 자료들이 많이 발견되어 그 재산 가치가 상당히 상승했다고 관계자가 필자에게 귀띔해 주었다.

이렇듯 일본은 우수한 문화를 계승했음에도 불구하고 관리 보존을 철저히 하고, 조선통신사에 관한 이벤트를 전국적 네트워크를 갖추어 체계적으로 기념행사를 하는 데 반해, 우수한 문물을 전달해 주었다는 한국은 먼 산 불구경하듯 하고 있으니 답답한 노릇이다.

제7차 조선통신사 서울—동경 한·일 우정 걷기는 조선통신사의 자료들이 유네스코기록문화유산으로 등록된 후 처음으로 실행한 행사이기에 유네스코에 등록되기 전과 후의 차이점도 비교하기로 하였다.

우리나라 내에서뿐만 아니라 한·일 양국에도 어떤 차이가 있으리라 생각했다. 실제 가보니 역시 확연히 차이가 났다. 한국 내 연고지 지자체에서는 부산을 제외하고는 한 곳도 조선통신사 자료들이 유네스코에 등록되었다고 하는 기념 현수막이 걸린 곳이 없었다. 이에 반해 일본은 지자체마다 기념 현수막이 걸려 있었다. 한국은 관련 연고지 지자체장들은 물론이고 향토 해설사까지도 조선통신사 자료들이 유네스코에 등록된 줄도 모르고 있는 곳이 많았다.

반면 일본은 조선통신사 행렬이 자기 지역을 지나갔다고 홍보와 선전은 물론 관광 자원으로 활용하고자 열성을 다하고 있었다. 그뿐만 아니라 관련 사찰에서까지 판매대를 설치하여 조선통신사에 관련된 자료들을 상품화하여 판매하고 있었다.

그런데 우리나라는 왜 반응이 없을까. 조선통신사가 조공사절단이라는 생각 때문인가. 그러나 단언컨대 조공사절단은 절대 아니다. 아니면 일본이 하찮은 것도 상품화하고, 가치 있는 것으로 만들어 내는 탁월한 재능 때문일까.

저자 후기

"조선통신사의 옛길을
'평화 순례 길'로 만들고파"

　한·일 양국이 성신·교린 우호의 숭고한 조선통신사의 정신을 이어받아 참회와 용서로 정다운 이웃사촌으로 살아 나가자.
　필자가 2007년 조선통신사 400주년 기념으로 제1차 '21세기 조선통신사 엣길 서울—동경 한·일 우정 걷기'를 처음 다녀와서 한·일친선협회지에 기고한 글을 여기에 옮겨본다.

　"조선통신사의 옛길을 평화의 순례 길로 만들고 싶다. 조선통신사 옛길을 따라 걷다가 문경 새재의 정상에 올랐을 때 나는 한·일 참가자들에게 '똑같은 길인데 새재에서 남으로 가면 평화와 우정과 사랑의 길인데, 북으로 가면 침략과 억압의 길이다. 이제 이 길을 영원한 평화와 우정과 동아시아 번영의 길로 만들어 세계 평화의 모델 길로 만들어야 할 것'이라고.
　사실 우리가 일본 히로시마를 지나갈 때 2차 세계대전 당시 원자폭

탄이 투하된 곳에 갔었다. 당시 20여만 명이란 많은 사람이 이유도 모르고 희생되었다. 그중 10%인 2만여 명이 한국인이었다. 얼마나 비참하고 통탄할 일인가. 누구를 위해서, 누가 그들의 고귀한 생명을 앗아 갔나. 우리 참가자 전원은 고개 숙여 고인들의 명복을 빌면서 다짐했다. 어떠한 이유에서도 전쟁만은 안 된다고. 하지만 아직도 이 지구촌 하늘아래에서 전쟁으로 인하여 얼마나 많은 무고한 생명이 희생되고 있나. 그래서 21세기 조선통신사 한·일 우정 걷기에 참가한 우리들 만이라도 신뢰하고 서로 사랑하고 우정을 나누면서 평화를 구축해 가는 평화의 사절단이 되기로 다짐하였다. 이번 행사를 제1차로 하여 앞으로 12차까지 열기로 하고, 많은 참여자와 후배들을 양성하기로 하였다. 그리하여 조선통신사 길은 자연히 평화의 길로 정착될 것이며, 참가자들은 자연히 평화를 사랑하고 전달하는 사신이 될 것이다. 아울러 한·일 우호 관계는 더욱 돈독하게 될 것이다. 아울러 조선통신사가 갔던 옛길의 연고 지역 사이 자매결연 또는 교환프로그램을 만들어 한·일 간의 문화 교류 및 우호증진에 동참한다면 세계적인 평화의 순례 길로 모델이 될 것으로 본다. 더 나아가 동경-서울-평양-북경을 잇는 평화 벨트를 만들어, 그 길을 '평화의 로드(길)'라 칭하고, 그 길을 따라 걷는 평화의 행진을 하는 평화의 순례 길을 만들고 싶다."

그러나 걷기 시작부터 2021년, 15년이 지난 지금까지도 한·일 관계는 변함없이 증오와 반목 그리고 악연이 계속되고 있다.

옛 조선통신사의 교린·우호와 성신·우호의 숭고한 정신으로 21세기에는 한·일 간에 새로운 이정표를 세우자!

우리가 매번 조선통신사 옛길 한·일 우정 걷기 행사를 할 때마다 독도 문제부터 교과서·전쟁위안부 문제 등으로 인해 한·일 관계는 악화일로로 치달았다. 특히 이번 제7차(2019년) 때는 미쓰비씨 중공업 강제노역 사건의 재판문제로 인하여 양국이 최악의 상태로 치닫는 시기였다. 그러한 시점에 우리 21세기 조선통신사 한·일 우정 걷기 참가자 일행은 4월 1일 서울에서 출발했다.

한·일 양국이 그렇게 불편한 관계인데도 불구하고, 일본은 조선통신사 관련 옛 자료들이 유네스코 기록문화유산에 등록된 것에 대해 열광하는 듯하였다. 일본인들이 다 그렇지는 않겠지만, 조선의 우수한 문물을 전달하여 준 데 대한 고마움과 조선통신사 사절의 성신·교린 외교정책을 높이 평가한다고 봐도 무방했다.

필자가 알고 있기는 조선통신사의 성신 교린 우호 정신으로 인근 국가 간 200여 년 동안 싸움 없이 평화를 유지한 것은 매우 드문 일이다. 이는 무척 가치가 있는 일이다. 유네스코에서는 조선통신사 기록물들에 담긴 그 숭고한 정신을 세계인이 본받아야 하고, 기억해야 할 가치가 있는 유산이라 인정해 기록문화유산으로 인정되었다고 한다.

이처럼 세계인이 본받고, 기억해야 할 유산인 조선통신사의 숭고한 정신을 그 당사국인 한·일 양국이 먼저 오늘날에 되살려 계승·발전시켜야 할 의무가 있다. 그렇지 않다면 표본실에 있는 박제표본에 불과할 것이다.

따라서 필자는 옛 조선통신사들이 사경을 넘나들며, 필사적인 노력으로, 통 큰 정치와 지혜로운 외교술을 발휘하여, 평화 시대를 이끈 것과 같이, 이 시대에도 한 번 더 격조 높은 외교술과 통 큰 외교로, 일본을 이 시점에서 용서하고, 진정한 이웃사촌으로 상생의 길로 유도하는 외교정책을 펴나갔으면 하는 바람이다.

이 지겨운 한·일 관계를 언제까지 후손들에게 유산으로 물려줄 셈인가.

이제는 한·일 양국은 진심 어린 참회와 통 큰 용서로 한 맺힌 악연을 끊고 정다운 이웃사촌으로 다시 태어나기를 간곡히 바란다.

그래서 조선통신사의 성신·교린·우호 정신을 계승 발전시켜, 우리 후손에게는 악연의 쇠사슬에서 벗어나 진정한 동반자로 상생의 복지국가를 만들어 나가도록 우리 세대는 어떠한 비난을 받더라도 해결해야 하리라 믿는다. 비록 끝맺지 못한 아쉬움과 삭일 수 없는 분노가 남아 있다 하더라도, 이즈음 한국은 대인(大人)으로서 배려와 용서를 하고 21세기는 한·일간에 새로운 이정표를 세워야 할 것이다.

필자는 다시 한번 더 한일 양국에 고하고 싶다. 한·일 관계는 지형적으로 봐서 인접 국가로 떼려야 뗄 수 없는 숙명적 이웃이다. 그렇다면 언제까지 증오와 반목으로 원수처럼 살아야 할 것인가. 아니, 훗날 만대에 이르기까지 원한과 복수를 유산으로 물려주어 많은 희생을 당하게 할 것인가.

이제 대승적 차원에서 옛 조선통신사가 내왕할 때처럼 성신 외교의 정신으로 통 큰 외교를 펼쳐야 할 때이다. 그래서 진심어린 참회와 통

큰 용서가 동시에 이루어져 원수처럼 지나는 이웃이 아니라, 서로 돕고 함께 상생하는 정다운 이웃사촌이 되어 평화와 우정을 나누는 참된 이웃이 되기를 진정으로 바란다.

아울러 우리는 한·일간의 새로운 이정표를 세우는데 민간 차원에서 조금이라도 이바지하고자 21세기 조선통신사 서울-동경 한·일 우정 걷기를 2030년까지 남은 5회 행사를 더 시행하여 옛 조선통신사가 그랬던 것처럼 총 12회를 달성하고자 한다.

이 책을 탐독하신 여러분들의 적극적인 참여 있으시길 간곡히 바라며, 무미건조한 책을 끝까지 읽어 주신 여러분께 감사드린다.

끝으로 한·일 간 껄끄러운 상황 속에서도 1차에서부터 7차에 이르기까지 공동주최하여 준 일본걷기협회와 조선통신사연지연락협의회에 감사를 드리며, 한국의 동아일보·국제신문, 일본의 아사히신문·교토신문 등 언론사에도 이 지면을 통해 고마움의 인사를 드린다.

특히 일본 '21세기 조선통신사 서울-동경 일·한 우정 걷기회'를 이끄는 엔도 야스오(遠藤靖夫) 회장에게 깊은 감사의 인사를 전한다.

아울러 그동안 함께 해 주신 21세기 조선통신사 서울-동경 한·일 우정 걷기에 동참하여 주신 한·일 양국의 회원 모두에게도 감사를 드린다. 또 자료제공과 사진을 제공하여 주신 이노우에 미키오(井上幹夫)·가나이 미키오(金井三喜雄)·홍형단·이철민·임창수이사, 그리고 배준태 제독 등 여기에 다 열거할 수 없을 정도로 많은 분의 협조와 성원에 진심으로 감사한 마음 전하고 싶다.

조선통신사 옛길 걸은 까닭

인쇄·발행	2021년 6월 4일

지은이	선상규
펴낸 곳	글로벌마인드지엠(주)
발행·편집인	신수근
편집디자인	한미나

등록번호	제2014-54호
주 소	서울 관악구 관악로 105 동산빌딩 403호
전 화	02-877-5688(대)
팩 스	02-6008-3744
이메일	samuelkshin@naver.com

ISBN	978-89-88125-53-3 부가기호 03910
정 가	19,000원